藏传佛教格鲁派源流

赛仓·罗桑华丹　著　王世镇　译注

中国藏学出版社

目　录

书首礼赞与序

南无古汝（梵音）

敬礼上师（汉义）

发心[1]乳海澎湃浪涛涌于方轮辐辋[2]际，
壮志士千月炫耀十万贤劫星中央，
千万善业光屑平均洒遍三界[3]持女[4]域，
敬礼天具无畏十力[5]诸能无匹释迦狮[6]。

一面聪慧智镜圆具尽所有知识领域，
善行大海波纹附于持宝[7]态媚美女颊，

---

① 发心：发菩提心。生起为利众生愿成无上菩提心。

② 方轮辐辋：太阳的异名。

③ 三界：天世界、龙世界、人世界。

④ 持女：大地的异名。

⑤ 十力：佛之十种智力，即 1. 知觉处非处智力，“处”意为道理，即了知事物之理与非理的智力；2. 知三世业报智力，即了知一切众生三世因果业报的智力；3. 知诸禅定解脱三昧智力，即了知诸禅定及八解脱、三三昧的智力；4. 知众生上下根智力，即了知众生能力和性质优劣的智力；5. 知种种愿望的智力，即了知众生种种愿望的智力；6. 知种种界智力，即了知世界众生种种境界的智力；7. 知一切圣处智力，即了知转生人、天和达到涅槃等因果的智力；8. 知天眼无碍智力，即以天眼见知众生的生死及善恶业缘的智力；9. 知宿命无漏智力，即了知众生宿命和无漏涅槃的智力；10. 知永断习气智力，即了知永断烦恼惑业不再流转生死的智力。

⑥ 释迦狮：释迦狮子，释迦牟尼的别称。

⑦ 持宝：大地的异名。

四方持女中央名称盛誉白幡高飘扬，
于佛教守护佛事业文殊怙师顶上严。

十万妙智白光照遍智慧天路①辽阔境，
无畏壮志善行转为末劫②众生之补养，
功业均布三域③是故二利④事业任运成，
法幢举至轮回边际最胜依怙语日王。

闻思修体能极旺盛戒律清净美毫灿，
经教正理讲台极广发出讲辩著笑声，
愿护持弘扬噶丹⑤妙规具勇士壮志者，
诸善知识语狮子成办我心为智慧藏。

佛教天空金色日微笑，
特别笑成讲修莲花亲⑥，
教证香气弥漫大地边，
善缘密布显为末劫严。

文殊怙师教的三特法：
见持龙树⑦思想的核心，

---

① 天路：天空的异名。
② 末劫：末日，世界坏灭的时际。
③ 三域：天上、地上、地下。
④ 二利：自利和他利。
⑤ 噶丹：亦译成甘丹，即格鲁派的别名，意为喜足天。梵音译作睹史多天，旧译兜率天。六欲天之一。妙欲资具胜于以下诸天，身心安适，且喜具足大乘法乐，故名喜足。
⑥ 莲花宗：太阳的异名。
⑦ 龙树：又译龙猛、龙胜。约公元2世纪人。古印度大乘佛教中观学派的创始人。青年时为著名婆罗门学者。后皈依佛法，精通三藏，并大力弘扬佛法，使大乘般若性空学说风靡全印度。主要著作有《中论》《十二门论》《大智度论》《回诤论》等。藏传佛教格鲁派的教义，就源于中观论。

修止观交替[①]的稳固定，
行守噶当[②]先师正行迹。

文殊怙师教的三特法：
精勤行于闻海无餍足，
思所闻生慧断增益[③]，
修除昏沉的殊胜瑜伽。

文殊怙师教的三特征：
智者温和善良行高尚，
大德成就乐空[④]殊胜定，
圣者戒律清净根坚固。

通达佛法无相违的慧，
除执显密相违的偏袒，
认定无余佛经为教授，
是文殊怙师教的特法。

乐空道之精华运气的，

---

① 止观交替：观即观察修，一种修习空性的法。以智慧分别观察无我性空，安住远离一切戏论境界之中。止即安住修，心不外散，刻意内向，安住修习。是观修止修辗转交替的修法。

② 噶当：即噶当派。意为了知佛语不遗一字，悉为修行要诀之教授，故名“噶当”。噶当派，是以其传教法之特征命名。“噶”者译为教，教即教言，指一切显密经。“当”者译为教诫或教授，意为对僧徒修习的指导、指示。该派源于阿底峡宗者，以经教为修学指示，故称“噶当”。其弟子仲敦巴于 1057 年创建热振寺，依此道场，成立噶当派，为 11 世纪中叶藏传佛教中兴期的一派。

③ 增益：即捏造、虚构、以无为有。

④ 乐空：大乐与空性，即大乐的内心与空性的外境二者。

二谛[1]方便智慧分别修，
幻光[2]双运显密结合道，
是洛桑（善慧）佛的教法精华。

雪域天空极多各派的璀璨行星皆以自大光高傲的中央，是殊胜特法成为优越的甘露藏噶丹妙规新月增长的轮，千万事业白光屑均匀密布四大洲[3]全部美誉传扬三有顶，遍奇他部莲傲稀有睡莲内心发笑我以十万三信[4]香气迎。

是由如是意乐[5]云蛇冠，
将噶丹妙规大天鼓音，
宣成动听愿公正智者，
断除器之三过[6]请恭听。

此亦如《经庄严论》中讲道："此中由依先闻如理作意生，由能如理作意正义悟慧生。"就是应当以意乐加行[7]，如理依止大乘善知识，用猛厉的精进，长久闻习佛经及其注释，根据闻所生慧，善断增益；凭依熟习与思维所闻义的思所生慧，如理了解所修持的行止与取舍之诸要点，从而舍去三门[8]的一切恶行，以

---

① 二谛：世俗谛和胜义谛。
② 幻光：即幻身与光明。
③ 四大洲：四大部洲。佛书所说位于须弥山四方大海中的大陆，即东胜神洲、南瞻部洲、西牛贺洲和北俱卢洲。
④ 三信：三种信，即清净信、胜解信和现求信。
⑤ 意乐：或译为增上意乐和胜，即热忱、忠心和衷心的意思。
⑥ 器三过：法器三过，即闻法弟子的三种缺点。耳不闻，如器口下覆，不能注入；心不记，器底穿漏，终归流失；具烦恼，如容器不洁，终变污秽，不堪使用。
⑦ 意乐加行：思想与行动。
⑧ 三门：身、语、意，即行动、语言和思想。

思所生慧，获得定解；凭依修所生慧，断除生死的根本[①]，证得涅槃果位。应当以如是闻思修三者互不分离的方式，将一切佛经要义拿来汇归为一个补特伽罗[②]成佛的顺缘，将如是全部佛法的修持作为正行的意义，即如章嘉若白多吉[③]讲道：

闻思不褊狭，
经论达教授，
宣说正理道，
此即名智者。

堪足拔烦恼，
能调自他心，
见修决无误，
此名成就者。

智不坏成就，
成就不坏智，
于教成利益，
亦称为正士。

在如是于全部显密之要义，以闻思断除增益中，首先听闻成为主要的道理，亦在（菩萨藏）中讲道：

---

① 生死的根本：三有根本有六事，谓贪、嗔、慢、无明、染污、见和疑。

② 补特伽罗：是梵文译音，即人。依附五蕴命名为人，为士夫，为有情众生。汉文亦译作数取趣。指人不断流转六趣而言。其身心中所有功德过失，时增时减，数聚数散，故名数取趣。

③ 章嘉若白多吉：生于1717年，8岁时由雍正帝迎至北京。1735年护送七世达赖格桑嘉措回藏。乾隆时被封为“灌顶普善广慈大国师”。

由闻知诸法，
由闻遮罪孽，
由闻断无益，
由闻获涅槃。

其中第一句偈颂讲了由于不混淆地通达了内外道[①]各派的基、道、果[②]的建立和明了一切所知处的取舍建立，故能生发正见之理。第二句偈颂讲了获得戒学后，业集[③]就能远离罪恶之理。第三句偈颂是说获得定学后，就能断除烦恼集和散动等。第四句偈颂讲了获得慧学后，就能得到断除了生集——生死的涅槃果位之理。详广者，当按《正理海注疏》所讲而了知。此外，《菩萨藏》中讲道：

不学若遍知，
业果岂真实。

又讲道：

不学皆不知。

《智树论》中也讲道："故于诸学问，应舍命勤学。"如此等所

---

① 内外道：内外教派。佛教徒自称为内道，称异于佛教的为外道。

② 基、道、果：大小乘的见、修、果三位。基位，指抉择正见；道位，指修习行持；果位，指现证菩提。

③ 业集：指能招引后果的业。是业和烦恼二者之一。集，积集众生诸业习气，招聚天等六趣同类同形之果，故名为集。佛教把人们产生现世痛苦的原因，看成是起源于人体本能的欲望，是多方面原因集合而成，人生痛苦起源于此，故名"集"。

讲，如果对于一切内外所知明处[1]全不听闻或不学习，休说浩若大海的佛经旨趣，甚至世间善恶的些许取舍也不能知，那种只满足于吃喝的所知，何异于黄牛之所为。因此，仅得一次的暇满[2]人身，便是唯成无义虚耗了，即如龙树菩萨讲道：

凡不习学问，
彼愚同畜牲，
此无学问口，
皆如地之穴。

和如至尊萨班[3]讲道：

不辨有无益，
不思亦不闻，
唯求食饱腹，
是只无毛猪。

---

① 明处：即学科、学问。经过学习可以获得知识的科目，略作明。明有大五明和小五明共十科。大五明有工艺学、医学、声律学、正理学和佛学，旧译工巧明、医方明、声明、因明和内明。小五明有修辞学、辞藻学、韵律学、戏剧学和星相学。

② 暇满：八有暇和十圆满。八有暇，意谓脱离八难，有修学佛道的余暇，世称为离八无暇，反之则为八无暇。八无暇，即地狱有情、畜牲、长寿天、生于边地、诸根不全、执邪见和如来不出世。十圆满，即生为人、生于中土、诸根全具、未犯无间、净信三藏、值佛出世、值佛说法、佛法住世、信奉佛教和有缘修学。前五者为自圆满，后五者为他圆满。

③ 至尊萨班：即萨迦班智达（1182—1251），全名萨迦班智达·公哥监藏。是萨钦之孙，萨迦五祖之第四祖。幼从其伯父吃剌巴监藏广学显密教法。23 岁起又从迦湿弥罗班钦等遍学大小五明，成为西藏获得“班智达”称号的第一人。1344 年，应窝阔台次子阔端之请，携侄八思巴及恰纳相会于凉州，即今之甘肃武威县。于 1247 年商定在西藏设官、征收贡赋等条件，先后两次致书卫藏僧俗首领，说服卫藏归附蒙古，是为中央政府对西藏地方进行行政管理之始。著有《三律仪论》《正理藏论》《智者入门》《格言宝藏》等多种著作。

所以，一切智者皆应在此难得而义大的暇满人身大宝仅得一次之时，以意乐加行，彻底依止善知识，总于所知明处，别于《五部大论》[①] 和密乘四续部[②]之立论等显密的一切经义，达到全无餍足的闻思彼岸，即如萨班所讲：

大海不嫌水多，
王库不嫌宝多，
享用不嫌欲多，
智不嫌善说多。

此外，《大师传记》中讲道：

是故于不败[③]，
二胜六庄严[④]，
所有名论典，
不满于一分，
或仅得粗略，
要详尽学习。

又讲道：

故金刚胜乘，

---

① 《五部大论》：藏传佛教格鲁派格西必须修学的五部经典著作，包括《般若》《中观》《释量》《律经》和《俱舍》。

② 四续部：事续、行续、瑜伽续和无上瑜伽续。

③ 不败：不败法王，即弥勒佛的异名。

④ 二圣六庄严：二圣指精通佛教最胜根本即律学的二位大论师释迦光和功德光；六庄严指龙树、圣天、无著、世亲、陈那和法称。

较佛尤难得，
二成就[①]宝藏，
入此甚深道，
应长时勤习。

如此所讲，总于佛祖之绍圣弥勒菩萨与佛所授记的大乘师龙树和无著[②]等天竺之诸大班智达的经典《慈氏五论》[③]《瑜伽师地论》等《五部地论》[④]、共乘与不共乘的《摄集二部》[⑤]《中观理聚六论》[⑥] 及注释、《因明七论》[⑦]《对法七论》[⑧] 和《大毗婆沙论》[⑨]

① 二成就：共通成就和殊胜成就。

② 无著：印度大乘佛教广行派的创始人。生于王族世家，年轻时即谙熟五明，以后又学密宗法和大乘经典。中年于乌仗那（今阿富汗）和天竺南部弘扬佛法。一生著作甚多，主要有《瑜伽师地论》《摄大乘论本》《阿毗达磨论集》等。其中大多于8世纪中叶赞普赤松德赞时期由译师香·益西德译成藏文。

③ 《慈氏五论》：弥勒为无著讲说的五部经典，有《现观庄严论》《庄严经论》《宝性论》《辨法性论》和《辨中边论》。

④ 《五部地论》：即《瑜伽师地论》，此分五部，有《本地分》《摄抉择分》《摄事分》《摄异门分》和《摄释分》。藏译本署名无著著作，汉译本署名弥勒著作。玄奘汉译共一百卷。汉译本五分次第，《本地分》与《摄抉择分》之后，次《摄释分》、次《摄异门分》、次《摄事分》，与藏译本次第不同。

⑤ 《摄集二部》：无著论师所著属于共通宗的《阿毗达磨集论》和属于不共乘的《摄大乘论》。

⑥ 《中观理聚六论》：即《中论》《回诤论》《七十空性论》《六十正理论》《细研磨论》和《宝鬘论》，皆为龙树所著。

⑦ 《因明七论》：又名《七部量理论》。古印度因明家法称发扬陈那所著《集量论》的七部注释，即《释量论》《定量论》《正理滴论》《因滴论》《观相属论》《成他相续论》和《诤正理论》。前三论解释因明的本体，后四论解释因明的组成部分，故有“三本四支”之称。

⑧ 《对法七论》：即《发智论》与《六足论》，说一切有部的七种根本论著。以迦多衍尼子著《发智论》为总、为身，以世友著《品类论》、天寂著《识身论》、舍利于著《法蕴论》、日犍连子著《施设论》、拘瑟耻罗著《集异门论》、满慈子著《界身论》等第六论为支、为足，故后诸论亦分别名为《品类论》乃至《界身论》。七论著者，称为七阿罗汉。

⑨ 《大毗婆沙论》：即《阿毗达磨大毗婆沙论》的略名。佛圆寂后，优婆俱多等五百阿罗汉在北印度宾陀山名优寺中集体写成的一部论著。唐代玄奘由梵文译为汉文，近人法尊法师由汉文译成藏文。

等，以及密宗下部密乘[1]法类中佛密论师[2]所著的《禅定后续释》《妙臂问经》；胜菩提论师所著的《苏悉地经释》[3] 等；大圣龙树与龙觉[4]、圣天[5]、月称[6]和佛足[7]等论师完满解释无上部[8]义理的一切经义，别于降生雪域藏地本土的佛祖第二夏·宗喀巴·洛桑扎巴师徒等如日月盛名于世、等同恒河沙数的所有学问通达、德行高妙而有成就之正士所著的浩若大海的显密经义，不应只满足于片面的闻思和词句的一般肤浅理解，而要依止贤能的善知识之语密，结合各种经典的正文和本注，对于寻求理解法、微细正理密语解释之理、各个细节划分之理、各部经论的违越界限、正理观察的界限、心向所注处的关键和以经教正理成立之理等，不应只流于词句的大概，而要做到逐字逐句地细致学习和心中再再串习。应当同诸多辩才一起，以不只一次地反复辩难、提问和反驳推求的方式进行判断，应当通过长久研习诸大经论，精进获得彻底正确理解的方便，并依于如实修持所闻诸义之门理，对一切经义皆为一个补特伽罗成佛的教授，获得坚实定解后，应当夜以继日地修持证成解脱和一切种智的所有道次第，将所得的暇满，做到有意义。如是尊者唐吉钦巴讲道：

---

① 下部密乘：密宗四部中的事部和行部。

② 佛密：亦译觉密，古印度一阿阇黎名。约公元 8 世纪末，应吐蕃王赤松德赞之请入藏，对于在藏地传播佛教密法颇有贡献。

③ 《苏悉地经释》：即《苏悉地经明咒毗奈耶品注释》的简名。

④ 龙觉：即龙菩提，别名龙慧，古印度龙树论师的弟子。据称为龙树所传密法的继承人，证得大手印成就者之一。

⑤ 圣天：藏音译作帕巴拉。梵音译作阿离野提婆，亦作圣提婆，古印度一论师名，为龙树有名的弟子。著有《中观四百论》等书，阐扬龙树意旨。

⑥ 月称：古印度一位佛学家名。公元 7 世纪时出生于南印度一婆罗门家族。出家后学习龙树《中观论》等，后为那烂陀寺堪布。著有《中论释句》《入中论》等。承佛之传，开中观应成派。

⑦ 佛足：是后弘期最大的译师（994—1018），他的新译密法，由萨迦的祖师继承，后来形成萨迦派。

⑧ 无上部：佛教密宗无上瑜伽部的略名。

最初广求多听闻，
中达经论皆教授，
最后日夜勤修持，
一切回向为弘教。

下面，该略述名为吉祥无匹山居噶丹派[①]的美誉白幡飘扬三域，其无垢宗规的建立。

① 山居噶丹派：亦名噶丹山派。因格鲁派的开山祖寺建于拉萨东郊卓日沃齐山上，故有此名。

第一章　总说对于内道佛教不同宗派的建立应当知何获得定解之理

在等同虚空的诸刹土[①]中，诸异生[②]玄学推理者[③]各依自己的臆想，于心中确定了基、道、果的建立，产生了难以计数的宣说此等建立的宗派风规。特别是正量[④]本师佛薄伽梵释迦狮子以为所化三种性[⑤]，依次三转法轮[⑥]，摧伏了外道六师[⑦]的一切邪说，弘扬了一切利乐之源佛教大宝后，经过诸位佛语解释师将三法轮的密意，分别解释后，佛教的宗轮师中就产生了有、经二部[⑧]和

---

① 刹土：世间、世界。佛门认为包括四大洲、须弥山和太阳、月亮等。

② 异生：凡夫。未证得正道者。

③ 推理者：寻思者。佛学的法相学者未能如实现见事物本性，但依各派因理，略思详察，以进行推理者。

④ 正量：真切认识自境。从新认识自境之心，如真现量及真比量等。有标准、真实之义。

⑤ 所化三种姓：三种不同的根器，声闻种姓、独觉种姓和大乘种性。

⑥ 三转法转：初转四谛法轮、中转无相法轮、三转分别法轮。

⑦ 外道：不皈依三宝、不承认四法印的教派，这里称之外道。

⑧ 有、经二部：即有部和经部。有部，即分别说一切有部。梵音译作毗婆沙，信奉《大毗婆沙论》的古印度佛教派宗名。承认无为和有为三世的四宗派之一，即过去、现在和未来三时诸法，其体皆有，名为实有。经部，信从契经，固执承认内心、外境二者皆是实有的古印度小乘佛教的一派宗名。

中观、唯识二派[①]等四大宗派。《金刚心释经》中讲道："佛教有四宗，五非能仁旨。"在此雪域藏地，亦是自从依佛身变化的诸法王、译师和班智达等的宏恩大德，佛教大宝得以传扬光大以来，诸王臣、菩萨，以及通晓二种语言的诸大恩译师等，何况财富与受用，他们更以生命也置之度外的难行刻苦和猛厉的志气精进，前往印度、尼泊尔和克什米尔等若干地方，以三种喜[②]，爱戴一切无诤公认的班智达和大自在圣人，听闻了众多佛法的教授，将所有的佛经及其注释典籍，译成藏语文，迎回了藏地。对于这些经论，如天盖地的所有学问、德行兼优之士，各依自己的智能，充分解释了诸多显密经论的旨趣，并且修持了法力相承未断的教授，根据修持的体验，从如何教授各自弟子的道理中，对见解寻求之理和以行为主的教授修行之理等出自新旧密教之见、修、行三者的建立，产生了非一的主张和种种不同的名言安立法，从而形成了许多不同类别的宗派。此等宗派，即如宁玛派依时间；如噶当派、佐钦派和希解派等依教授；如帕竹派和噶玛噶举派依祖师之名；如萨迦派和噶丹派依地名等而立各自宗派之名，并也就产生了宗派立名的各种方法。但是，这些宗派中，无一不承许皈依和四法印[③]，所以，那些任何不同的见行主张也全未超越自部根本四宗[④]的任何宗规。特别是由于大乘总体和金刚

---

① 中观、唯识二派：中观派，也称"大乘空乐"，与瑜伽行派并称为印度大乘佛教的两大派别。两派约3世纪时为龙树、提婆所创，各分别为佛护、清辩所发展。中观主要讲缘起性空的道理。他们认为一切万有，都是相依相待的条件下而存在，叫做缘起，叫有。其中没有一个超越条件而能独立自成、固定不变的实体，叫无自性，叫空。空有两方双融双成，叫做中道，即是中观。唯识派，此派说宇宙现象一切外境都只是识所变的，是内心世界的反应，外境没有实体，就叫唯识。是绝对的主观唯心主义。

② 三种喜：财、物、服侍。以此三种喜来承事上师。

③ 四法印：诸行无常、有漏皆苦、诸法无我、涅槃寂静。

④ 根本四宗：即指大小乘佛教的宗派，有部、经部、唯识派和中观派。

乘的基、道、果的建立等全都是根据各自的本续和各种巨论，以及凭依上师的要门、验证和化机的特殊需要而宣说的，所以，没有一个不成为甚深教授藏。因此，那种被贪爱自宗、憎恶他宗的杂染乱了心而任意讲说贪嗔偏袒之恶语和增益者就造积了严重的借法罪业，所以，唯是堕入地狱之因。《宝性论》中讲道："杂染愚昧皆谤法，贪见令彼侮佛法。"接着又讲道："凡嗔法者无解脱。"《中观心要论》中讲道："由偏向而心恼，故终不证寂静。"班丹达瓦①讲道："贪爱自见憎他见，凡此唯是邪分别。"布敦唐吉钦巴②讲道：

其教性相具不具，
不知不见由四因③，
魔启其口妄分别，
谤法能仁经中戒。

如此所讲，当了知了借法偏袒会成为谤法之业及其过患后，即如大佛子希瓦拉④所讲：

获如是暇已，
我若不修善，
无余欺过此，

① 班丹达瓦：吉祥月。印度大乘佛教中观学派的论师。

② 布敦唐吉钦巴：布敦一切智。全名布敦·仁钦珠（布敦·宝成）。藏族著名佛学家。藏历第五饶迥铁虎年（公元1290）生于后藏夏麦地方。为查普译师之三传弟子，后居夏鲁寺。所传教派名为布敦派，亦名秋季夏鲁派。第六饶迥木虎年（公元1364）逝世。有《佛教史》等著作甚多。

③ 四因：生因、依因、立因、持因。

④ 希瓦拉：寂天。公元7、8世纪时古印度一位佛学家。为印度国王善铠之子，幼名寂铠，于那烂陀寺出家。著有《入行论》和《集菩萨学论》等。

亦无过此愚。

如《宝鬘论》中所讲：“贪嗔痴三毒，所生业不善。”在此有幸这回只得一次暇满人身大宝之时，就不该由于嗔恚和偏袒之故，而造积严重的借法之过而造作恶趣[1]之因。一切不分派别的守持佛教者和圣教宗派都应当修学远离偏袒的净相和以公道正直的智慧，充分观察，精进于现一切佛法皆为无违和将无余佛经现为教授的实践。如是在班禅·唐吉钦巴[2]所著的《大印根本大道》中讲道：

《俱生和合》《大印盒》、
《五俱》《一味》《四种学》、
《能息》《能断》《大圆满》、
《中观正见引导》等，
各别立名虽众多，
然通了义与教理，
得有证验瑜伽师，
观之乃同一意趣。

和如尊贵的五世达赖所讲：

---

① 恶趣：恶途、三途。佛书所说多行上品恶业为因，往趋忍受单纯上品痛苦为果的三类有情之总名。

② 班禅·唐吉钦巴：唐吉钦巴是称号，义为一切智。本名洛桑却季坚赞，译为善慧法幢（1567—1662）。为四世达赖和五世达赖喇嘛近圆戒师，是扎什伦布寺第一任座主和色拉、哲蚌寺座主。以后由他转世的活佛继承扎什伦布寺法座。1645 年，受固始汗封为“班禅博克多”称号。1647 年，又受清顺治帝封为“金刚上师”名号，后被追认为第四世班禅额尔德尼。

无偏宗派蔗乳等，
不同甘甜差别大。

即是说，不同宗派的根本堪布①从各自证悟的体验上，专为适应自己化机的觉知，虽然各有一套不共的种种宣说之规，但是，此等若由公道正直的智者以正理观察的话，除了仅仅理解的方式和名言的取法上有所不同外，究竟意趣之要义是同一的。此说意义极大，故当必须了知。总的来讲，就一切经义的理解方式上说法不同，不只是各个宗派如此，就是一个宗派也有若干不同的内部讲法，所以，不可以仅仅因此，就成为乌鸦与猫头鹰之喻，因为，对于佛经，大小乘的说法也不相同；彼有优劣之别，是佛自己所讲；对于佛经，分辨了不了义之理的建立是合理的；自部根本四宗从各自基、道、果的建立主张上也有优劣上下的差别等，所以，经中既破斥上上宗派不承认诸下下宗派的主张，又讲了那种下下见能成为理解上上见的方便或台阶之义，这是应当了知的。但是，正如文殊怙主萨班所讲：

论著错无错，
终生常议事，
于析其正误，
谓厌是自过。

是不应当成为愚夫随波逐流和群狗随吠而跟奔之喻的，对于不同宗派的论著之义也应当以精细的正理来探讨分析，所依据的经文

① 堪布：是藏音，即亲教师。梵音邬波驮耶。即传授出家戒或近圆戒的和尚，故为亲教授师，略称亲教。藏地或称为剃度堪布、近圆堪布。

契合于何处、其意趣如何解释的方法、是否达到全如意趣、能立的正理是否成为正确之理等，应不沾偏袒之垢地再再观察，分辨善说与恶说的差别，即如《经藏》中讲道：

> 一切比丘或智者，
> 犹如锻炼磨黄金，
> 应善思择吾之说，
> 非为敬尊是所取。

无匹的大觉沃[①]讲道：

> 安立龙树规二谛，
> 此于金王心中立，
> 虽为今世士夫信，
> 亦当善择是所取，
> 非唯信仰与敬慕。

《三宝语加行论》中讲道：

> 若仅以一正承诺，
> 获得定解然于疑，

---

① 大觉沃：阿底峡的敬称，意为大尊者（982—1054）。出生于东印度萨霍尔王室，曾任那烂陀寺和超岩寺上座。吐蕃王室后裔降秋殷重礼聘，于1042年自尼泊尔来西藏传法收徒。他摄显密两宗的关要，合为修行次第，著有《菩提道炬论》等论著二十多种，对藏传佛教后弘期起过重大作用，成为噶当派的祖师。此外，还著有《医头术》等医学著作多种传世。他所传的医学八部，对于西藏医学流派的形成也起了重要作用。他在阿里居住三年、卫藏九年，卒于聂塘。终年73岁。因其一生对古代与我国藏传佛教文化交流有重大的贡献，故藏族尊之为“大觉沃”，意为大尊者。

不以破立量力断，
故如泥中所钉橛。

是如此所言。此外，大善知识喜饶嘉措大师①讲道："正法者，乃是修习增上生②、决定胜③安乐之唯一方便。故当详细观察优劣与错否后，无误随转。现见因被立名为似深非深、胡乱动听之夸张言辞充耳，故而受骗上当，想望全不需要共道的修学等，现在就能一步虎跃于佛土的痴心者和紧闭双目、以世俗的好恶持教派之偏见者甚多。此等皆为腐败，故我合十胸前，请君自爱勿误。"这段公道正直贤者的如乳精的遗教，是应当持于一切公正宗论师之心中的。

---

① 喜饶嘉措：意为智慧海。1883 年出生于青海省循化县道帏乡起台沟贺庄。法号全称是喜饶嘉措·坚华杰贝罗垢，意为智慧海·文殊菩萨喜悦智慧。8 岁在循化古雷寺出家学经。16 岁负笈到拉卜楞寺游学。1904 年到拉萨，入哲蚌寺果莽经院深造。1915 年考取拉萨三大寺拉然巴格西学位。他潜心佛学研究，获得了藏族文化历史方面的大量知识，在三大寺担任讲学，成为藏语系文化学术界的知名学者。1937 年应国立中央、北平、清华、武汉、中山等五大学之聘，担任藏族文化讲座的讲师。1939 年返回青海，曾写了《白法螺妙音》等文章，号召佛门僧徒团结起来，保种护教，抗日救国。1942 年国民政府为其颁以"辅教宣济禅师"的名号。1949 年先后任青海省人民政府副主席、省文教委员会主任、西北军政委员会委员、西北民族事务委员会副主任，青海省及全国人民代表大会代表和全国政协委员，1955 年任中国佛协会长，1956 年任中国佛学院院长。喜饶嘉措大师是位维护祖国统一、民族团结的著名爱国者。国务院为表彰大师的爱国行为，特由周总理赠给大师明代隆庆大铜钟一口。大师还是一位友好使者，多次率团出国，访问过许多国家，为增进与这些国家人民和佛教徒的友谊作出重大贡献。他著有《颂尊圣的香池》《宗喀巴大师赞》等著作。他在佛学上的重大成就，不仅在西藏、青海，而且在国内佛教界和世界佛教界都有很大的影响。大师于 1968 年圆寂，终年 85 岁。

② 增上生：现高、胜生，即人天善趣的圆满福报。

③ 决定胜：定胜、永久安乐。指解脱位和一切种智位。

文间偈颂

释教高大无忧树，
十万无私宗莲开，
种种光华景意春，
尽除有苦最胜药。

由多智者慧雪山，
十万稀有见河流，
百味差别虽各异，
法界海中体性一。

可叹少数偏愚士，
由摇妒蛇舌尖中，
偏私恶说毒气喷，
持断解脱命根行。

谤法业报虽无欺，
逞傲不畏受业报，
贪嗔痴浪所遍覆，
末劫恶人性难伏。

无爱子[1]举释教地，
不沉五浊[2]海游戏，

① 无爱子：遍入天的异名。
② 五浊：五渣、五浑，即寿浊、烦恼浊、众生浊、劫浊和见浊。

公正智者以细理，
观察即是佛密意。

各种化机介与愿，
变成优劣万喉笛，
顿具七音①德虽弱，
成欲脱耳甘露藏。

偏私污净一新月，
公正空中起圣舞，
白光万屑洒十方②，
无偏释教须弥严。

---

① 七音：歌音七品。古印度流行的六十四技艺之一类。谓六合、仙曲、绕地、中令、五合、奋志和近闻等七品歌唱的声乐。六合声如孔雀，所以表惊奇；仙曲声如黄牛，所以表神异；绕地声如山羊，所以表慈爱；中令声如鸿雁，所以表豪强；五合声如杜鹃，所以表欢娱；奋志声如骏马，所以表战阵；近闻声如巨象，所以表亲和。

② 十方：东、南、西、北及其四隅，以及上、下，共为十方。

第二章　别说山居噶丹派之建立

于此雪域之境，诸学识渊博、得成就的先师圣人已充分解说了宗派的建立。现在，别就其中成为上品的、殊胜的、最胜的和极顶的持金黄色顶冠派之无垢宗规的建立，加以解说。此中分三：第一节，噶丹派教主夏·宗喀巴·洛桑扎巴出世后，为佛教做事业之情；第二节，诸持教法嗣弘扬宗喀巴大师无垢正宗之情；第三节，正说吉祥无匹山居噶丹派无垢宗规的建立。

第一节　噶丹派教主夏·宗喀巴·洛桑扎巴出世后为佛教做事业之情

一、受生为圆满种性之情

（一）最初于殊胜菩提如何发心之情

我等的无上导师、三界法王夏·宗喀巴·洛桑扎巴，在了义中与怙主文殊菩萨无别，故如《健行三摩地经》中所讲："此复，在无量劫以前，文殊即于名为'平等刹土'（即世界）中，现证成佛，名为'龙种最胜如来'，而作转法轮等圆满究竟的佛事业。”和如《圣宝积经》中授记所讲：“超越七恒河沙数劫以前，于名为‘生起妙善刹土’中，当圣妙吉祥（即文殊）成为转轮王名‘虚空’时，于‘龙音王’如来前发殊胜菩提心，将于‘无尘积刹土’中成佛，名‘普观如来’。”学习菩萨行，而获得“无生法忍”。之后又经六十四恒河沙数劫，再次受生，虽已圆满成就如来十力，但仍住持菩萨之相，并在一切佛前示现守持甚深语密的上首弟子相符这种全然示现有学无学之形相，是如《经》中所讲：

有时降生于他土亦示菩萨行相师汝身，
此胜庄严此他世皆成众生遍智亦难诠。

即是说，在无量劫之前，虽然已成等正觉，但是，为了随应化机之缘，有的是重新发愿之情，有的是学习行之情，有的是成佛之情，有的是转轮王[①]，有的是帝释与梵夫之色，同样，乃圣经轮回未尽，示现在家菩萨和出家菩萨等变化的种种庄严如水中月与影像，皆超出想象，难以言表。但是，在不了义应化众生的心目中，则是于若干人寿中至尊文殊亲任妙乘善知识，完满教授菩萨的所有广大行之情，亦如克珠·唐吉钦巴[②]所讲：

师于众多人寿前，
已成文殊上首子，
拥有咒、辩、定、神通，

---

① 转轮王：转轮圣王，略作轮王。佛书说，人寿自无量岁至八万岁中，分别有金、银、铜、铁四轮王出世，征服四大部洲的一切众生。

② 克珠·唐吉钦巴：意为贤哲一切智。本名格勒贝桑（贤成善）（1385—1438）。宗喀巴大师的弟子之一。他先从萨迦派出家，后谒见宗喀巴大师，遂转依宗喀巴大师，曾继杰曹杰后，任第三任甘丹赤巴，后被追认为第一世班禅额尔德尼。

慧眼观见一切法。

此外，关于如何发心之情，如克珠·唐吉钦巴所讲：

一日名王顶此来，
于众眷中宣妙乘，
妙音及佛子眷多，
亲临于彼大集会。

即是说，往昔有如来“王顶”出现于世，在海一般宽广的徒眷大会中大转金刚乘的法轮时，即此达尼钦布[①]已是至尊文殊的上首弟子。当时至尊文殊同其徒眷等来到转金刚乘法轮的王顶如来近前而安住时，薄伽梵王顶佛世尊发出梵音妙语说道：“所有一切菩萨谁于无数净不净地方中不顾身命地作弘扬甚深中观见（即离断常二边的见解）与金刚乘相结合的妙道，彼菩萨即成为诸菩萨的伟大行海中的最卓越、最好和殊胜者。”佛陀发出如是狮子吼音时，与宗喀巴大师同一心识的大菩萨勇气大振，即从徒眷会海中，迅速而起，以无惧声音而宣言：“从现时开始，我愿不顾身命，在无数不净世界中，弘扬甚深中观见与金刚乘相结合的妙道。”即以王顶如来等十方佛与佛子为证而发誓，发出了真意的声音。尔时，王顶如来等十方一切佛同声劝慰道：“善哉！汝是大志菩萨。”从此以后，于一切佛土中，彼达尼钦布之名便公许谓“大志”。继而从王顶如来之身放射千万无量光束，面现

① 达尼钦布：即宗喀巴大师。达尼钦布意为大王、大圣、大主宰者，全称就是法王大圣，是对宗喀巴大师的一种敬称。对宗喀巴大师的敬称，还有杰仁布钦（法主宝）、杰喇嘛（法主大师）、杰瓦宗喀巴（宗喀佛）等很多名号。一般为了尊重大师，只用敬称，不用本名。恐阅读不便除此处作音译加注外，本文以下所见，一律均译作宗喀巴大师，不特译出尊号。

微笑而授记道："如汝所立誓言，从现时起，汝在无数不净世界中，弘扬显密正法，最后在'稀有殊胜庄严刹土'中成佛，名'狮子吼如来'。"如是授记，即如克珠·唐吉钦巴所讲：

尔时由彼佛梵音。

又讲道：

汝于无数不净土，
从今以深中观见，
护持金刚乘之道，
圆具多种广大行，
越多佛土东北隅，
稀有殊胜庄严地，
速证得成算正觉，
名为狮子吼如来。

特别是对于在此贤劫所出现的千位导师中赞如大志白莲的第四导师释迦牟尼的此教法，亦如《传授教授王经》中所讲：

阿难，现献水晶鬘，与我后发心，
未来浊世中，于具牝牦界，
建寺名为'甘'，亦出洛桑名。

即是说，在佛住世时，此达尼钦布在天竺已降生为一个婆罗门之子。尔时他与着比丘装的菩萨名为"梅班洛追（信解慧）"相遇，此菩萨领他到导师释迦牟尼座前谒见时，向导师敬献了一串纯净的百粒晶石鬘后发了无颠倒通达空性见的誓愿和发了殊胜菩提心。这些授记，大善巧成就者绛央却杰·扎喜班丹[①]亦讲道：

往昔曾于金刚座[②]，献佛百粒晶石鬘，
发起殊胜菩提心，成具通达正见缘。

若谓过去亦于王顶佛前已发心，而且在修学菩萨行的当中又在此刹土于本师能仁尊前发殊胜菩提心，就成重复之过。答：无过错。比如《俱舍论》的随行者讲的本师有悲心者也是在婆罗门子太阳之身时重新发心和《律经》等中讲的有光之身时重新发心，以及《贤劫经》《能仁密意庄严经》《大悲白莲华经》《广智经》《三聚经》《报恩经》《不可思议经》《除阿阇世王除悔经》《菩萨藏经》和《如意树》等中所讲的各种发心之情并不相违之理，亦是发心使为利他欲愿，证得菩提的誓言坚定并不相违。总之，就像将发心的初衷、彼身时最初发心和彼彼分位的最初发心，即再再发心讲成不相违一样，此中也是不能给许多发心之理强加过错的。

（二）诸多显密经典中授记之情

1. 显宗经典中授记之情

《传授教诫王经》中讲道：

---

① 绛央却杰·扎喜班丹：意为妙音法王·祥瑞。在甘丹寺拜宗喀巴大师为师，受比丘戒。受宗喀巴大师委托，修建哲蚌寺，并任该寺的寺主，弘扬讲、辩、著诸事业。他一直住持哲蚌寺，培养了穆哲等许多弟子。于藏历第八饶迥之土蛇年（1449、明正统十四年）圆寂。

② 金刚座：菩提道场，坚固永恒的地方。中印度伽耶地方一佛教主要圣地名，是释迦牟尼等三世诸佛成道处。

未来浊世中，
于具牝牦界，
建寺名为甘，
复出洛桑名，
广收四众子，
如实宣佛经，
佛殿树叶柱，
于我二身像，
供养献头饰。

这即是明确地授记说，将于止贡[1]与拉萨河下游的交界处，修建甘丹寺，其修建者是大师洛桑扎巴之名者，他招收许多具足学问通达、德行高妙之德的弟子，大转由显密二教如实所摄的佛陀密意之善说法轮，在羊土神变寺[2]中，向觉沃释迦牟尼和不动金刚二尊身像教献头饰，创立神变节的供养，做佛教大宝昌隆久住的祈祷等。又由汉文译成藏文的《楞伽经》中说："薄伽梵佛世尊座前，无热恼龙王以一白色海螺供佛时，佛以海螺授与目犍连而说道：'汝将此螺藏于廓巴日[3]山中，于未来世，将由比丘白玛安顿（意译为具莲香——言持戒清净如莲香）从秘藏库中取出以作殿堂用螺，由伏藏主猴色来守护。'"此中所讲的比丘白玛安顿，就是那位往昔于本师尊前敬献晶石鬘的婆罗门之子出家受近圆戒的法号，被称为比立白玛安顿，这是尊者吉美旺布（无畏自在）所著的《噶丹宗教史》中所讲的。

① 止贡：地名，在西藏自治区墨竹工卡县学绒藏布江畔。

② 羊土神变寺：即拉萨大昭寺。相传大昭寺初建时，驱使山羊群驮土填湖，故名羊土神变寺。

③ 廓巴山：甘丹寺所在山名，在拉萨市达孜县境内。

2. 密宗经典中授记之情

《大方广菩萨藏文殊师利根本仪轨经》中讲道：

我（佛）于世间涅槃时，
此间大地成空无（言无教法作饶益），
由汝示现孺童相，
能作诸佛之事业，
彼时大寺名热噶[1]，
建在雪域疆土中。

此即佛祖亲自向至尊文殊菩萨明确授记说，你以童子或普通凡夫之状，于末劫中凭依如来的主要事业——语业，弘扬佛教，并建卓日沃齐甘丹尊胜洲等[2]。《空行密续》中讲道：

文殊化身名洛桑，
能弘佛教稀有者。

旧译密乘《密集续最胜诗篇》中讲道：

未来北方生，
名首有“慧”字，
“善”行兴佛教，
普遍扬“名称”，[3]

---

① 热噶寺：极喜寺，甘丹寺的别名。

② 卓日沃齐甘丹普胜洲寺：“卓日沃齐”是山名。此山又名旺古尔山，在拉萨东五十里达孜县境内。甘丹尊胜洲，即甘丹寺。1409 年宗喀巴大师倡建。

③ 是指宗喀巴名讳，译为“善慧名称”。

往生文殊处。

又在《佛说妙吉祥最胜根本大教经》中讲道：

从此五百后，
吾教能出现，
一切教灭时，
吾教能出现，
行无间[①]恶业，
彼时吾教出，
食恶食牛粪，
彼时吾教出，
穿襤褛恶衣，
彼时吾教出，
吾乃三时身，
一切教灭时，
彼时吾教出。

即是说，宗喀巴大师是大威德[②]的真化身。所以，大师的这个教法亦称做大威德教法。此义是说，在恶浊时，由于诸有情对无间罪等不善业无忌而行和由于彼业力之故，情器世间[③]的一切功能全都退失后，瘟疫、灾荒、战争和纠纷等一切不欲的灾难遍及所有方隅，诸多众生亦皆堕入食尽和穿破衣之苦海。然于如是末劫

① 无间：即无间往生。死后立即往生地狱，无“中有”等从中间隔。此处的无间业，是指五无间恶业：弑父、弑母、杀阿罗汉、破僧和合、恶心出佛身血。

② 大威德：亦译阎摩敌、作怖畏金刚、金刚大威德。古印度密宗成道者拉立达由邬坚地方发现的无上密宗中父续一本尊名。

③ 情器世间：即大地和动物。

中，大威德教法——宗喀巴大师的这个教法则出现或安住。

3. 若干论典中授记之情

《柱间遗教》中讲道：

从此广做胜承事，
比丘菩萨东方生，
守持密乘大瑜伽，
精要门徒彼圣者，
亦改仪容正承事，
于彼广行承事者，
皆是圣者之沙门。

即是说，宗喀巴大师降生于东方宗喀地方。所谓心要门徒，是指此宗喀巴大师从噶玛·若比多吉[①]受居士戒时，起法号为衮噶宁布（庆喜藏）或也公称杰瓦降白宁布（佛主文殊藏）。所谓改佛颜，是指将觉沃释迦牟尼像，改变为报身[②]装束，向此供养承事。即明确地授记了创立神变大祈祷定期法会的供养。《莲花遗教》中讲道：

文殊化身教法主，
洛桑扎巴持显密，
弘扬密乘经八代，
此士逝后弥勒前，

① 噶玛·若比多吉：噶玛噶举黑帽派活佛第四世。1359 年应元朝迎请，自藏进京，路经西宁，为宗师授戒。受到元顺帝的礼遇。

② 报身：受用身、圆满受用身。佛身之一，亦为智度七十义之一。住法身中不动不起，但于化机菩萨圣众之前示现身形，成为化身之所依处，为诸相好庄严者。

彼之法嗣一寿佛，
胜生大劫出现中，
证得罗汉足无疑。
（那时宗喀巴为弥勒佛前大阿罗汉）

又在《莲花遗教一规》中讲道：

于名甘丹殊胜寺院中，
智中殊胜善巧显密义，
金刚持[①]化身开密咒门，
乃是众生舵手指路人，
出有‘洛’与‘桑’名者士夫，
赐密号兰饶多吉德瓦[②]。

莲花生大师所著的《催促牌记》中讲道：

临近东方汉地处，
出释迦僧名洛桑。

《热达总大记别》中也讲道：

出具慧力扎巴名，
文殊化身持密教。

---

① 金刚持：诸佛共主。梵音译作伐拆罗陀罗。佛书说为释迦牟尼讲演密乘所现身相。

② 兰饶多吉德瓦：意为妙缘乐金刚。

《噶当书》之父法第二十六品《未来授记》中讲道：

末法①佛教诸余烬，
扎巴名者作复兴，
许多利乐能成办，
彼是圣地圣者身。

又讲道：

扎与再扎仁钦②之，
名后称做贤祥贤，
起别名洛追喜饶，
另有扎巴盛名者，
多番为众造幸福。

即是授记说，将出现以宗喀巴大师为首的律师扎巴坚赞（名称胜幢）等许多名字后都加有“扎巴”之名的随行弟子。又在该品中讲道：

迦叶佛亦携度母，
显现化身于圣地，
增上无贪化缘者③，
折服所取有缘者，

① 末法：指佛教教法处于最衰弱的时代。

② 扎与再扎仁钦：“扎”，是指宗喀巴大师洛桑扎巴。“再扎”，是指大师的传人喇嘛活佛。“仁钦”，是对喇嘛活佛的敬称“仁布钦”。

③ 无贪化缘者：此处指宗喀巴大师。

发展吾之诸会供，
以信奉音作祈祷。

接着又讲道：

有一大德我化身，
有时化现比丘僧，
彼于其对做守护，
有时化现孩童身，
有时复现乞丐相，
时化鸡犬畜生身，
时现祈祷美妙音，
时化陀罗尼字形，
具有声名之比丘，
教法住时彼常来，
被与传承系同等，
彼由具戒得加持，
能于彼处修禅定，
于彼正见亦略损，
欲魔信号时发生，
禅定贪嗔等失尽，
但由化身所加持，
天及人等供施处，
定成堪受崇敬人，
总之于彼殊胜地，
从初四个扎仓起，
后来有僧二千五，

具足三学[①]释迦子，
成为众生怙主尊，
于此诸方及方隅，
集会僧伽无量数，
遍满十方有缘人，
同等外部诸海量，
百川流注亦难满，
任怎样者不能贬。

即是明白授记讲了觉沃迦叶为教化诸有情，显现数千化身庄严，并以“增上无贪化缘者”一偈句，展示了宗喀巴大师，他收摄诸多有缘化机，首创神变供养，出现许多修学三士道次的禅师，建立具足三学的僧伽；将从一切地方云集无量有缘者色拉、哲蚌、甘丹和扎什伦布等寺中；宗喀巴大师之功业运转连续不断，为了佛教众生的利乐，变化与再变化的种种无边游戏做着利生事业之理等在《噶当书》的“上师清净授记”中也有所谓“我亦伏神鬼往彼处”，是指莲花生大师[②]；所谓“一化身游” “一化”，是指无匹觉沃杰（阿底峡）；所谓“一化身赴下多康区。”，就是授记宗喀巴大师等这些成为标准信许的无净授记之义，亦如

① 三学：戒学、定学和慧学。

② 莲花生：别名白玛桑巴瓦。邬仗那国人，是密教的大阿阇黎。公元761年受赤松德赞迎请入藏，修建了在西藏佛教史上最著名的桑耶寺，弘传密教，教藏族弟子学习翻译学；从印度邀无垢友等通人正士来藏，翻译重要的显密经论为藏文。为赤松德赞及王妃也协措杰等有缘者传授无上密乘等八法、金刚橛及诀窍正见等教法；创建显密经院为密宗道场，发展出家在家两种僧团等，奠定西藏旧派密乘之基。其后离开西藏，往之遮末罗等印度西方古国教化有缘。号称罗刹王者、罗刹颅鬘大师等。

唐吉钦巴·根敦嘉措（一切智·僧海）[1] 讲道：

持明成就莲花生，
五百顶严燃灯智[2]，
金刚持王善慧称，
我礼种种变化舞。

此外，在上师邬玛巴[3]向至尊文殊菩萨请问宗喀巴大师的前后转世等所做的授记中讲道：“此身来世将于甘丹寺弥勒说法前受用大乘无量法味，其名成为‘妙吉祥藏菩萨’。”密主（金刚手）向洛扎大成就者（即南喀圣赞）所做的授记中也讲道：

洛桑扎巴悉无匹，
释迦王前发胜心，
显密经义弘此土，
此后转生兜率天，
妙吉祥藏弥勒子，
迅速成佛为如来。

又讲道：

---

① 唐吉钦巴·根顿嘉措：译作一切智·僧海（1476—1542）。出生于后藏达纳（今谢通门县境内）。历任扎什伦布、哲蚌、色拉等寺的堪布，后被追认为第二世达赖喇嘛。他1485年就学于扎什伦布寺，1509年倡建倾科杰寺（山南桑日县境内），1516年接受乃东扎西扎巴所献哲蚌寺内多康恩莫殿，更名为甘丹颇章——“喜足宫”，后为格鲁派政权首建之地。

② 五百顶严燃灯智：燃灯智即阿底峡名讳，是说印度五百以王智达都外阿底峡奉如头顶上庄严的珍宝般尊敬和崇拜。

③ 邬玛巴：本名尊追僧格（精进狮子），密名为勇金刚。原为青海西宁喇嘛，在卫藏游学。遇宗喀巴大师，为大师传授“妙音天女随许法”等诸法。

舍此身时于兜率，
弥勒身前闻教法，
妙吉祥藏是其名，
彼将究竟十地位①，
慈慧一切诸众生。

如是即如绛央却杰·扎嘉班丹讲道：

兜率弥勒法王前，
妙吉祥藏佛子名，
文殊密主明授记，
佛子为至尊法王。

在化机信解的心中虽然示现了又成等正觉之情，但如前面所讲是于王顶佛前发心后，薄伽梵授记说：“大志，汝未来于越过无量佛土之东北隅，在稀有殊胜庄严佛土中成佛名‘狮子吼如来’。”在阿阇黎莲花生大师所著《催促牌记》中讲道：

由彼佛子名扎巴，
改变释迦为报身，
彼以父续深瑜伽，
离四边理之正见，
解救善缘众有情，

① 十地：大乘菩萨十地，1. 欢喜地；2. 离垢地；3. 发光地；4. 焰慧地；5. 极难胜地；6. 现前地；7. 远行地；8. 不动地；9. 善慧地；10. 法云地。

彼于此土示寂后，
往生稀有卓越刹，
狮子吼佛现证成，
从佛手中大灵塔，
放射俱胝大光明。

《玛吉劳准授记》[1] 中讲道：

女汝所问彼菩萨，
彼是贤劫第七佛，
现是大志菩萨名，
浊世藏土邪行出，
当取楚程扎巴名[2]，
于彼土弥狮子吼，
威摄犯戒邪行类，
犯戒放逸绳以律，
创佛风规持教相，
显扬佛教胜比丘，
统治无边续部众，
取续部海意趣精，
满足所化有缘众。

此中所讲的贤劫第七佛善目如来和成为狮子吼佛的二情理，其中善目如来，是从弥勒算起的第七佛，从拘留孙佛算起的第十

① 玛吉劳准：觉域派当巴桑结的法嗣，女传觉域派的创始人。大约公元 12 世纪时人。

② 楚程扎巴：义译是“比丘持或名称”。

佛。这是大师的传记《有缘莲园广开光辉》中所讲的。此外，大师他的正变化本体，即彼怙主文殊，亦在《健行三摩地经》中讲道："于名为'平等刹土（世界）'中，文殊成等正觉为龙之最胜种姓体性，究竟佛的事业。"《利益指鬘王经》中将于世间恒常极喜中所住的那位称作"胜解极喜藏佛"讲成是即此成为圣文殊童子者。《大慧白莲花经》中详广所讲的"于未来世界'无尘积'中，（宗喀巴）成佛为普照如来"的授记之情理，亦变如前面所讲。由此看来，变化本体文殊菩萨，以及和他体性无二无别的宗喀巴大师，于了义中也是在无量劫之前已经成佛。但是，于诸多彼彼土中又将十二宏化[①]游戏显现到乃至世界未尽的这种幻化庄严，若不成为佛与佛子的智境，岂能成为观现世心[②]的行境[③]?！虽在文字表达上将成佛之理讲成不同，但是，此等并不构成相违。这种宣说每一佛亦于诸多不同方域成佛之理，比如纵以大慧本师为例，亦在《宝积经》中讲成了在无量大劫之前，成佛名王顶如来而行现十二宏化。以及《白莲华经》中所讲的："从无数无量千百那由陀[④]俱胝[⑤]以前，我虽已现证圆满菩提，成为圆满佛陀，但我有时为调伏诸有情，故示现诸如是善巧方便，于彼土全无诳言。"即是说，虽然早在诸多劫以前已经成佛，但是，仍展示若干成佛之情。同样，经中所讲的宗喀巴大师虽然也已成佛谓殊胜龙种姓如来，但是在不了义化机的心目中，那位住于十地菩萨之状的至尊文殊则是一时于此雪域之境展示为

---

① 十二宏化：十二相成道。化身佛示现一生经历的十二件大事。有兜率降世、入住母胎、圆满诞生、少年嬉戏、受用妃眷、从家出家、行苦难行、趋金刚座、调伏魔军、成正等觉、转妙法轮和入大涅槃。

② 观现世心：一般凡夫所有的心识。

③ 行境：所行处，语声及心识涉入之处或人们所享用的对象。即思想活动范围。

④ 那由陀：梵音，亦译那庾多。一大数字，即千亿。

⑤ 俱胝：梵音，即千万。

着褐黄色袈裟的善知识之身，于浊世极大地显扬佛祖释迦牟尼之教证的佛法大宝，于中有现前双运之情，以及又在此贤劫中成佛为妙目如来、于他地域成为狮子吼佛和于尘无积劫中成佛为普照佛等，也应当了知为是教化诸众生的善巧方便的无上行状。如是在众多显密经典中，虽以种种直接间接的方式，做有诸多授记，但是，这里恐文太繁，只列举了一些义显者。然而，噶当教派史《黄琉璃宝鉴》中说："《经庄严论》中的'如是善慧，无忧具悲心'等是明确授记了师尊之名。"以及将《入中论》中所讲的"善慧日除诸冥暗"等偈句也说成了是授记宗喀巴大师的词句等，最上怙主·吉美旺布和贡唐·丹班仲美等诸晚近的贤者们则不承许，《经庄严论》和《入中论》这两部论典，不是授记补特伽罗的论典，那一词句也不是授记之品。《经庄严论》中的那一句正文，是展示说法功德之品，《入中论》中的那一正文，也是四边生[1]于二谛中俱破除了的断净之品，所以，不成为对大师的授记之义。而普觉·阿旺强巴（语自在慈）等一些先圣，虽然将那两句正文说成是对宗喀巴大师的授记，但是，诸智者则说："这只是想到在此斗诤之时，于化机共同心目中除了如宗喀巴大师外，能安立何人后，为了压制那些嫉妒持金黄色顶冠派之宗规的毒水沸开者的命根故向已得说法功德的补持伽罗和以悟空的智慧，解脱轮回的、补特伽罗赞颂的。"

（三）在化机共同心目中于此土受生之情

这位一切三时佛之父最胜语神怙主文殊菩萨，虽然于此雪域之境，在人们的可能想象中是以幻舞而游戏之时。然而，是以无垢眼光观察了地域、时辰、种姓和母系血统等悉皆圆满后，这才

---

① 四边生：又名四际生，即我生、他生、我他二生和无因生。

入胎的。所以，降生于何处的那个地方，就属于大圣莲花手[①]之化田、广寒雪山绵亘环抱的境中分作卫藏教区[②]、多堆人区[③]和多麦马区[④]等三大区中的后者多麦雅莫塘[⑤]大地精华、十八乐界地方之精粹宗喀，即现在大丛林塔尔寺坐落之地，这便是大师出生地。于彼地方，种姓与母系血统圆满、七代传宗未断的亲属与亲戚最极兴旺，在曼的族姓中，有父名卡切·鲁邦喀和母名辛萨阿曲二位生子六人，其中第四子便是这位宗喀巴大师。关于出生于何时的时辰，按普氏历算[⑥]，是在佛涅槃后的二千二百三十七年。若按克珠杰所著的《时轮大流》算，则在佛灭后的二千一百九十一年，即大蒙古王妥甘铁木尔十七年藏历第六饶迴之三十一年（公元 1357 年）称作持金的火鸡年（丁酉年）的十月二十五日寅时。于此时辰，这位称作一切人天世间之未熟识的大密友摄一切佛与佛子之智慧悲心于一身的本体、三界法王夏·宗喀巴·洛桑扎巴的盛誉白幡高高飘扬三界的大师，便在诸多奇异的吉兆中降生了。这是佛主法主所同意的。此外，还有主张降生于初十的说法。出生后，在凡人的心目中，说是从剪断脐带时滴下的赤血侵入土中，从此自然长出了一株殊胜的白旃树，树的每一只叶上都天然地印有狮子吼佛像和ཨ་ར་པ་ཙ།（阿喏吧咋）的咒字。此树日渐茂盛，所以，佛像就达到了十万尊，故而公许谓十万佛像檀香树。由此大师的功业，即于此处形成了多麦讲修的法源这座大丛林塔尔寺的历史，即如下面当讲。复次，克珠·唐吉钦巴

---

① 莲花手：观普菩萨的异名。

② 卫藏教区：习惯上指卫为前藏，藏为后藏。元史作乌斯藏。

③ 多堆人区：指今昌都地区到甘孜、阿坝一带。元史作朵甘思。

④ 多麦马区：即今青海省安多地区。元史作脱思麻。

⑤ 雅莫塘：意为报春花平坝口。

⑥ 普氏历算：普巴·天成海所创的历算学派。普巴·天成海是西藏一位有名的历算学家。1447 年著有《白莲宗教论》等书。

讲道：

初成身苗之分位，
此间亦是功德花，
完备元量芳香藏，
如是稀有谁不思。

彼时，住于秋喀山间小庙的法主顿珠仁钦《义成宝》[①] 在其梦中梦到由于祈祷，再再亲见了金刚大威德之圣容，故而真正看到在宗喀方向有一金刚大威德面手圆具之身后，听到说：明日此时将来此地沟口，此间稍安勿躁。云云。因此，为了观察此是何义，便打坐参禅，由此得知乃是那个在宗喀地方出生的小儿后，想到此乃特意安排的吉兆，便于大师出生的第二天，将甘露丹丸、护身结、显灵的大威德画像和《婴儿养育法》读本等交与其近住弟子一个具戒比丘送了去。由此情理也说明宗喀巴大师是吉祥金刚大威德的真化身，这是无需以别的经教和道理来成立的。

二、此身获得功德之情

（一）一切功德之本是受持律仪戒之理

如是童子，虽然一时年幼，还未长大，但是，对于进入大宝佛门，其心却成极迫切之情。故于年三岁时，当被迎为大蒙古王[②]之供养上师的噶玛四世法王·若比多吉住于夏宗山中小寺

① 顿珠仁钦：噶当喇嘛，宗喀巴大师学显密法最早的上师。
② 大蒙古王：即元顺帝。

时，便由其父带去，从此法王受了全部居士戒，授记将成为能展示等同真佛之宏化的大掌教正士，起法号为衮噶宁布。彼时，当法主顿珠仁钦被大师之父迎请到家中时，此法主向大师父亲赠送了大量马羊等厚礼后，讲道：“请将汝子交与我。”其父应诺，欣然献与。这是佛主法主所讲。但是，圣者吉美旺布所著的《噶丹教派史》中却说：“年三岁时，父亲应诺献与法主·顿珠仁钦。年到六岁时才来到法主跟前。”从此到十六岁之间，便一直在甲穹寺[①]住于此法主近前。对于所教授的诸经典，不待专门学习，仅一过目和念诵，就全记心中。在年到十七岁时，法主·顿珠仁钦便令大师进入吉祥作怖金刚、铃派胜乐金刚、欢喜金刚和金刚手等的坛场而授灌顶，为师起密号为顿悦多吉（不空金刚或义成金刚）。所以，在共同的心目中是首先进入了按照此年寿的本尊坛场，圆受了四灌顶河流[②]，故而播下了四身[③]生长力极旺盛的种子，将持明[④]的三昧耶[⑤]和律仪，珍若眼珠而守护。此后，由法主任亲教师[⑥]，大本·迅努森格（童狮子）的弟子迅努降秋（菩提童子）任轨范师[⑦]，因前期已经出家，所以正受了沙弥律仪[⑧]，起法号为洛桑扎巴班（善慧称吉祥）。在此等期间，法主不顾求教之劳，全以自己的决断，完满授予了《金刚界》

---

① 甲穹寺：又名甲穹札寺，青海省内一寺庙。公元 1349 年，顿珠仁钦所倡建。宗喀巴大师 16 岁入藏以前，均住此寺中。

② 四灌顶：宝瓶灌顶、秘密灌顶、智慧灌顶、句义灌顶。

③ 四身：佛所具备的自性身、智慧法身、受用报身和变化身。证得四身以此为果。

④ 持明：修持密宗，证得成就者。明谓密宗本尊大乐智慧。深入修持此智慧者称为持明。

⑤ 三昧耶：不可逾越的金刚誓词。

⑥ 亲教师：即堪布。

⑦ 轨范师：对自己的徒众，从法财上给予利益的善知识。梵音译作阿阇黎或阿遮利耶。

⑧ 沙弥律仪：沙弥戒。沙弥所应受的戒律。即十戒，有谓三十六戒。

《顶》《最胜吉祥》和《法界》的语灌顶；《九髻不动金刚》和《五部陀罗尼》等下三部；红黑怖三种大威德[①]、卢那直三种传规[②]、《金刚手大轮》等无上部的诸灌顶、传经和要门等。于是法王·顿珠仁钦便清楚地预知到了此宗喀巴大师将成为教主后，便从此年幼时起取为己有，改编了依于养育、于显密经文修心和本尊念诵之门理，增长智慧的诸多方便，并以授出家戒和导入金刚乘门，使成熟等许多方式，全如培育将成一株高大药树之幼苗一样地爱护培育着。当年到二十五岁时，大师见到佛教内库[③]七类别解脱律仪[④]中那如胜幢宝珠殊胜的最胜者唯是比丘戒[⑤]，并想到佛教住世的关键亦唯取决于此后，便来到雅砻朗杰寺[⑥]，由噶希瓦·楚程仁钦[⑦]任亲教师，由吉增堪布·喜饶贡布[⑧]任羯摩师[⑨]，由东尊·索南多吉（律师·福金刚）任屏教师[⑩]，正好补充足数，于善信的僧伽中，大师正式受了从迦湿弥罗班钦传承[⑪]

① 红黑怖三种大威德：是萨迦派的密法，红、黑、怖畏三种“阎曼德迦法”。

② 卢、那、直三种传规：是关于密法胜乐金刚修法的三种风规：1. 卢伊巴派；2. 那波巴或黑行派；3. 直布派或铃派。

③ 佛教内库：律学和毗奈耶经的异名。

④ 七类别解脱律仪：别解脱戒之依报有七种，谓比丘、比丘尼；沙弥、沙弥尼；优婆塞或男居士、优婆夷或女居士；正学女，即介于具足比丘尼与沙弥尼二戒中间戒之女性。

⑤ 比丘戒：比丘律仪。认可终身戒绝一切损他诸罪及罪因的别解脱戒。

⑥ 雅砻朗杰寺：尊胜寺，在今山南。

⑦ 噶希瓦·楚程仁钦：噶希瓦，意为四难论师，即精通《律本论》《现观庄严论》《因明论》和《中观论》四大论典，能以之立宗答辩人的称号，后来成为一种学位名称。楚程仁钦住持雅砻朗杰寺时，为宗喀巴授比丘戒。

⑧ 吉增堪布·喜饶贡布：吉增是寺名在今尼木县内。喜饶贡布是1385年为宗喀巴授戒的羯摩师。

⑨ 羯摩师：羯摩阿阇黎。授戒时宣读“羯摩文”的戒师。

⑩ 屏教师：《毗奈耶经》所说五轨范师之一。授比丘戒时，私下询问受戒人是否具备堪当比丘条件的戒师。

⑪ 迦湿弥罗班钦传承：萨迦班钦23岁从释迦室利学法，受比丘戒，由此传出的比丘戒律传承，即称迦湿弥罗班钦传承。

的近圆戒[①]，将一切人天世界之福田[②]树为神圣，将所受的学处遮制[③]的细而又细的开遮[④]以内者守护如睛，故由增上戒学[⑤]大宝充满了心相续。如是克珠·唐吉钦巴讲道：

天资最极调柔德，
梵行使得老天仙，
亦似粗鲁愚凡夫，
童成此时雪域粹。

（二）广求多闻获得教理功德之情

大师想到浩若大海的佛经旨趣，应当依止善巧的舵手善知识，以闻思善断增益，如理了知一切行止取舍之处后，心中便生起了欲往卫藏之愿，而且法主上师也赐教劝慰道："保护你不受危难的本尊是金刚手大轮，使你生起智慧的本尊是文殊，使你延寿的本尊是无量寿哲达日，给我成为顺缘的本尊是多闻天王，从人与拜人的灾害中救护你并成为顺缘的本尊是六臂护法（又称大黑天）。以上诸本尊也是我的本尊，现在传授给你，故当闭关念修这些本尊和不断地供养食子。"继而又吩咐道，"首先应当做闻思，此后应做此事"等即将"闻思作法的程序，此后实修此等之义，其后应当成熟诸化机"的教诲讲成了偈句，师徒互相于依依不舍之情中，殷重互致保佑。大师于年十六岁藏历水鸡年（1372年），与二位舅父结伴，随同止贡派的毕本·邓玛仁钦

---

① 近圆戒：即具足戒。佛教比丘和比丘尼所受的戒律。因与沙弥、沙弥尼所受的十戒相比，戒品具足，故名近圆戒。

② 福田：供境、供养对象，如三宝等。

③ 遮制：制戒或遮戒。佛为制止某种罪行特别制定的教规。

④ 开遮：允许和阻止。

⑤ 增上戒学：七种别解脱戒和三种菩萨戒。

（进贡使）等多麦的许多商旅一道，犹如求蜜之蜂飞赴花园似地去往卫藏法林苑。大师全然不思路途艰辛之苦，对于寻求正法，全如常啼菩萨[①]之行，保持着顽强、勇敢和坚毅而登程。首先经昌都来到了止贡吉祥林间，从塔布噶举派[②]教主·止贡京俄法王[③]听受了《大乘发心仪轨》《大手印》和《五具》的讲授等大部分止贡派全集的经义。从苏曲巴·贡噶洛追（助教·庆喜智）听受了《金刚鬘》的灌顶。向蔡巴门巴·衮乔郊（蔡巴噶举派医师·宝救）[④]学习了医疗方面的典籍，掌握了《医法八支[⑤]论》，故而未经多久便十分精通了正文、要门和实践。此后未作久住，便前往大经院于聂塘德瓦坚寺[⑥]，依聂塘巴·扎西森格（吉祥狮子）[⑦]和法台格贡瓦（善满意）二师座前，进行了结缘的闻法。由阿阇黎云丹嘉措（功德海）[⑧]任主教师，由阿阇黎邬坚巴任副教师，听受了从《文殊怙主萨班大疏》上所讲解的般若波罗蜜多经典《现观庄严论》及其本释并做了修道养心。仅用十八天就极其娴熟地通达了正文的一切词句。未经多久，又十分精通了《般若波罗蜜多》的全部文义，使得阿阇黎和所有同师弟子也都对此尊者的智慧和智能深感惊奇。又从共许为降仁巴

---

① 常啼菩萨：印度法胜论师的弟子。

② 塔布噶举派：藏传佛教噶举派两大传承之一（另一传承为香巴噶举）。渊源于玛尔巴、米拉日巴，创始于塔布拉结《1079—1153》。此派以后，派系繁多，有“四大八小”之称。一般所谓噶举派，实指此派传承系统。

③ 止贡京俄：即白钦却耶，是止贡噶举派创始人郊巴·义敦贡布的弟子朱、噶、却三位大师之一。

④ 衮乔郊：意为宝救亦称拉杰·衮乔郊。拉杰，意为医师。他是蔡巴噶举派僧人，住持公塘寺。1373 年，宗喀巴大师从他学习医学理论。

⑤ 八支：西藏医学分疾病为不同的八支：全身病支、儿童病支、妇女病支、魔鬼病支、创伤病支、中毒支、返老支和壮阳支。

⑥ 聂塘德瓦坚寺：译作极乐寺。在拉萨西南聂塘附近。是噶当派的主要寺庙。

⑦ 聂塘巴·扎西森格：是聂塘德瓦坚寺的座主。1373 年，宗喀巴从他学习显密教典。

⑧ 云丹嘉措：是德瓦坚寺的阿阇黎住持。宗喀巴大师从他学经。

大师[①]的大善知识，听受了《经庄严论》等慈氏的其余诸论并做到了彻底理解。

年十九岁上，大师在卫的桑普寺[②]和德瓦坚寺等处，进行了“波罗蜜多”的游学辩经，从而博得了一切善知识大德的不禁信服，美名传遍了雪域全境。此后来到了夏鲁寺[③]，参见了布敦一切智的心传弟子住持扎才巴·仁钦朗杰（声明因明师·宝胜）[④]，听受了《胜乐弥勒十三尊》的灌顶。又从此处去了萨迦和觉摩朗寺[⑤]，从萨桑·玛底班钦[⑥]听受了各种法的口教并从法主巧勒南杰[⑦]学习了《六支加行》的指教等。在此期间，先后去往萨迦寺、大经院俄寺[⑧]和乃宁寺[⑨]等处，亦进行了“波罗蜜多”的立宗辩论。

年二十岁时，前往年堆孜庆寺[⑩]，参加夏季法会，从大智者年本·贡噶班（喜庆祥）听受了一遍“波罗蜜多”的甚深讲说。此师十分精通讲说，故而大师深感满意。尤其依止年本的门徒，

---

① 降仁巴：是德瓦坚寺住持。宗喀巴大师从他学习弥勒、龙树的诸论典。

② 桑浦寺：在拉萨西南聂塘河东，现属堆龙德庆县。1073 年，俄勒比协饶所建，是后宏期讲传性相教理的大寺院。原名内邬托。

③ 夏鲁寺：在后藏日喀则县内。初建于 11 世纪。14 世纪初，元代西藏著名历史学家布敦久住此寺，僧徒甚多，形成夏鲁派。相传旧时寺中藏有梵文经典甚多。

④ 扎才巴·仁钦朗杰：是布敦大师的弟子。宗喀巴大师从他学经。

⑤ 觉摩朗寺：原为萨迦派属寺。在后藏南木林县内。

⑥ 萨桑·玛底班钦：萨桑是地名，在萨迦附近。玛底班钦是兑补巴的弟子。宗喀巴大师从他学过《五明论》等。

⑦ 巧勒南杰；别名珀东巴。珀东是地名，在日喀则以西的彭措岭境内。巧勒南杰，意为全胜。他是兑补巴的最大弟子，曾继兑补巴任觉摩朗寺和昂仁寺的座主。

⑧ 俄寺：即艾旺却丹寺，在纳塘以西附近。

⑨ 乃宁寺：坐落在后藏江孜县南部的一座古寺院。据传阿底峡在驻锡此寺时曾为其开光。

⑩ 年堆孜庆寺：年堆，即后藏年楚河上游。该寺在江孜县境内。

已成吉祥萨迦派教主的至尊仁达瓦·迅努洛追[1]为主师，学习了此师从《俱舍论》本释上所作的讲授。因此，这种讲授就不仅仅根据经中文句，而是一种将整个经文的中心意思，善加条理，据其要点能给以心得的指授，所以，大师生起了大信仰。由于大师对诸难点做了详细的问辩，所以至尊仁达瓦亦被折服。夏季法会结束后，师徒二人来到年堆桑丹寺，大师从至尊仁达瓦学习了《入中论》。彼时闻知邦译师[2]的弟子堪钦译师·降秋孜莫（菩提顶），已抵前藏，大师想到此大师已成为当今《对法》的论主，所以立愿定要从此师学一回《阿毗达磨集论》的教授，于是起程去了拉萨，拜见了这位大译师。但是，由于大译师年事甚高，要速返后藏，所以听受《对法》的愿望未能实现。但是，据说学习了一些随缘的法类。从此又去了觉摩隆寺[3]，从堪布噶希巴·罗赛（慧明）[4] 完满学习了《律经根本律》及其本释分支。在此期间，于大殿参加了斋僧茶会。在诸比丘进行《大般若十万颂》的修习中，在讲说《般若经》的期间，当大师讲说《般若经》时，则入定于空性之义。所以在诸比丘连经中所讲的法行和驱魔之词句全无感受中，大师则一切粗略的妄想游动悉皆退失，安住于一心专注明空无执[5]的状况之中，在此状况中延续住

① 仁达瓦·迅努罗追：仁达是地名。迅努罗追，意为慧童（1349—1412)》，14世纪后半期萨迦派著名高僧。是萨迦衮噶班和玛底班钦的弟子，为布敦仁钦珠和宗喀巴大师之间的一个重要人物。原在西藏几乎失传的中观应成这一派，由于他的努力才居于重要地位。萨迦派在显宗方面有两个支派，一派就是以仁达瓦为首。仁达瓦是宗喀巴大师在显宗方面的主要老师。

② 邦译师：即无著的弟子洛追登巴（安慧）。

③ 觉摩隆寺：是噶当派格西·拜底札迥巴所建，后在宗喀巴时代变成格鲁派寺院，在今拉萨市堆龙德庆县境内。在色拉、甘丹、哲蚌三大寺未建前，此寺为前藏地区六大寺院之一。

④ 噶希巴·罗赛：罗赛是噶当派僧人。1377 年，宗喀巴大师从他学习《律经》等时，他是觉摩隆寺的堪布。

⑤ 明空无执：系萨迦派之见。即自心体性不离明分为明，明分全无形色可得为空。即此明时显空，明空双运无别，远离言说，不由造作，就是心性。

于斋僧茶始终。从此处又经纳唐寺[①]。来到了萨迦寺，从至尊仁达瓦闻习了《大乘阿毗达磨集论》的甚深解说，以及学习了《释量论》《中论》和《律经》等的讲说。从萨迦寺上师多吉仁钦（金刚宝）听受了一回《欢喜金刚二品经》的萨迦派的解说。

大师年二十二岁时，听说从家乡多麦来人迎请，便去了拉萨，会见了诸迎请者得知母亲切盼自己返乡，故答应遂返多麦。来到墨竹的拉隆后，当就多麦地区所需的一些修行又发起修道养心时，从一次闭关修行中觉见无彼需要，遂决定不返多麦，便于墨竹拉隆闭关修证。在此期间，研读了乌益巴·日班森格（理狮子）所著的《释量论》的注疏，故对却季扎巴（法称）[②]的理论和理规，生起了强烈的真实信仰。复次，藏地诸先德执因明七论作为只是抉择名言学之建立的共同理论，不承认是宣说趋赴解脱和一切智之道次的理论。由于一切智宗喀巴大师总于因明的理论，别于《集量论》和《释量论》做了详细的研读，所以，大师获得的定解是一切因明理论不仅是能确定外知解的名言学之建立，而且由于能从正理法则上圆满无误地展示修持上下乘道的一切次第，所以是修持的最胜教授，即如《宗喀巴大师本生事记》中讲道：

于此北方因明学，
学未学者一致说：
经藏与因明七论，

① 纳唐寺：由博朵瓦的再传弟子冬循·罗追扎巴创建于1153年。此寺继承噶当派所传教法和迦湿弥罗班钦释迦利室所传戒律。13世纪时，该寺堪布·均丹热赤及其弟子卫巴洛赛将当时所有的藏译三藏佛经编订为《甘珠尔》和《丹珠尔》，即佛说与论疏两部藏文经典，刻版印行，故有纳唐版大藏经之说。

② 却吉扎巴：古印度一位哲学家，属佛教瑜伽宗。他继承并发展了陈那的因明、认识论的学说。著有名论七部。

无赴菩提的修次。
佛法唯是欲脱径，
获此定解自内心，
包容二乘诸道要，
出自理路故获喜。

此后，秋季法会时，来到了大经院埃寺，从大译师南喀桑布（虚空贤）① 听受了《诗镜》的讲解。此后与仁达瓦一起，去了萨迦。在萨迦、桑浦和泽当②等各大寺院，进行了四部大经典③的立宗辩论，故使卫藏各大寺院的一切善知识和三藏法师因受用了出自这位至尊大师智莲的甜蜜善说喜宴而满意。大师以出自辩才的教理辩驳——狮子的怒笑，制伏一切敌论的胜鼓虽于世间之顶鼓响，但是，宗喀巴大师却毫无骄傲自满之情，唯是最胜的文温善良的本性。对此，一切高低贵贱者皆撒出赞美妙花，信仰的毛鬃无不耸动，美誉盛名均匀地传遍了辽阔的南瞻部洲整个大地。大师从此处又来到丹萨提寺④，参见了法王京俄·扎巴降秋（称菩提）。由于此师著有《正法随笔》，故而深深敬信这位京俄大师，不禁泪流。据说后来再再传出对住于京俄门下的诸弟子讲了“如此年少青年能有如是功德大藏，吾之转世即如此”的心所⑤之语。彼时，大师从京俄大师学习了包括《道果》在内的全部要门，以及《纳若六法》《至尊帕木竹巴⑥全集》和《止贡义

① 南喀桑布：是埃寺的住持。仁达瓦亦曾从他学过《密集》等一切本续要门。

② 泽当寺：公元 1351 年，噶举派大司徒绛曲坚赞所倡建。

③ 四部大经典：有《中论》《现观庄严论》《律经》和《俱舍论》。

④ 丹萨提寺：在山南专区桑日县境内。1158 年由帕木竹巴所建。

⑤ 心所：自力能见各自对境事物特殊属性心所生法。如受第五十一心所。

⑥ 帕木竹巴：即第斯·帕木竹巴（1110—1170），其全名为帕木竹巴·多吉结波。系藏传佛教帕竹噶举派创始人。

敦贡布[1]全集》等许多塔布噶举派的法类。当时译师南喀桑布亦应京俄大师之邀，来在彼处，于是宗喀巴大师从他学习了如地上画图的大部分迦拉波[2]和旃陀罗波[3]的文字成法。于此某时，做妙音仙女的长期闭关念诵，当诵到五千万次时，妙音仙女的圣容便真实显示，承诺恒常摄受，所以，极大地证得了总的经义和一切共同明处的智慧境界，后又来到吉雪蔡公塘寺[4]，详细研读了一切现有的佛说经教和典籍，故而心中生起了审慎观察一切佛经的诸多门路。

大师在年三十二岁上著作了《现观庄严论》及其注解的大疏善说《金鬘疏》。从此处又来到觉摩隆，从察巴多丹·益喜坚赞《智幢》[5] 详听了《时轮无垢光大疏》，历算以及事相等，皆达到了精通。

大师于年三十四岁时来到了藏绒的鲁却隆，依止却隆寺的住持扎巴协宁（称友）学习了《五次第》法类等许多教敕。当时上师邬玛巴·尊珠森格（中观精进狮子）住于德庆隐居之地，当大师前去参见时，邬玛巴遵照本尊对自己所做的授记，向宗喀巴大师请教了《妙音天女随许法》，大师故做了如是的讲授并就诸甚深难解之处，做了询问究竟等许多正法的讨论。从此处大师来到了达仓宗，由法主译师却乔贝（胜怙祥）[6] 做承事，至尊仁

---

① 止贡义敦贡布：止贡是地名，在拉萨市墨竹工卡县东北处。义敦贡布，意为世间怙主，本名仁钦白（1143—1217）。他在此建寺，开创止贡噶举系，故有此尊号。

② 迦拉波：佛教理想国北方香拔拉一城市名。

③ 旃陀罗波：即八戒居士皎月。公元7世纪时印度一声明学家。著有《旃陀罗波字经》。

④ 蔡公塘寺：位于拉萨市东郊。公元1187年，为宇札巴·达玛循努所倡建。

⑤ 蔡巴多丹·益喜坚赞：是蔡巴噶举派僧人。1389年为宗喀巴大师讲授《时轮》等。

⑥ 却乔贝：别名空利跋陀罗，是噶当派僧人。1401年，宗喀巴大师来到达仓宗时，他正任朗孜顶寺住持。

达瓦、堪钦译师扎巴坚赞、译师吞桑上师（义妙）和宗喀巴大师等聚会，并同诸多善知识、三藏法师和当地的僧团一起，于许多天中进行了正法的稀有谈论。当时，大译师却乔贝讲说了《欢喜金刚二品续》，由大译师扎巴坚赞讲说了《现观庄严论》，至尊仁达瓦广讲了一次他本人所著的注释《释量论庄严注疏》与《密集根本续》的解说，宗喀巴大师悉皆听了讲解。师徒二人亦多次进行了抉择诸难解之处的正理问难。此后，大师又来到绒却隆，与邬玛巴上师会晤，由他传语，大师向文殊菩萨请问了教义，尤其就见的根底，进行了主要启问。如问："今时我见，于应成自续两方究属何见？"菩萨答道："任何一派也不是。"又嘱咐说："现分与空分①，绝不可做偏向，尤其应当重视现分。"菩萨又就应成和自续的差别；由俱生和偏计的二种我执如何所执我的情况和因之所破的粗细量；通达正见的标准和以应成派见，建立此宗的世俗之理等方面应当详细观择的原本等，极其总括地作了指示。对于显密二道共与不共的差别：《吉祥密集圆满次第》五次第的体性、程序和定数等的诸不共要义，也作了总括的指示。大师回禀道："仍有不解之处。"菩萨讲道："勿忘此请所讲，当从笔记中得知。应当在与本尊无别的上师前祈祷并念修、努力积福忏罪和以正理伺察经论之义并详细思考，这三者要结合一起进行实修。勿轻易满足，应当持久伺察。到时以我现在所播的这些种子为缘，会迅速获得一种完满的通达。"等作了许多教诲。此后，度过短暂的法会假期后，欲做密乘的闻习，便来到了年堆贡松德庆寺②，参见了布敦·一切智的及门弟子、精通

① 现分与空分：即空和有，有方与空方。"空"是指性空，"有"是指因果缘起，修善积福和成佛等方便。佛教认为："对于空有两者，不可偏重一方，尤其是对于有方应当重视。"这是中观见的观点。

② 年堆贡松德庆寺：年堆，即年楚河上游。贡松德庆寺在江孜县境内。

《时轮》的最胜者德庆巴·却吉白哇上师（法祥）[1]，请教《时轮大疏》及其分支法类。上师欣然应允，随即圆满学习了详广的《续释解说》、实修及其分支的指授引导和六支加行的证验传授等，从而无余了解了《吉祥时轮》的内、外、别[2]等三方面的诸要义。又受学了《金刚鬘》的灌顶、传经、指导、解释，以及舞、画、唪等三艺[3]的实践指导。通过这些学习，遂对三鬘类[4]皆已达到精通。此外还学习了大曼陀罗的灌顶、传承和要门等许多深广妙法[5]。此后，当想到要听受瑜伽的经教和解说时，欲愿首先学习先行仪轨的清净实践，遂于称作衮桑的瑜伽师前，详细学习了《金刚界》《最胜吉祥》《顶》等一切瑜伽部大曼陀罗的绘坛、舞蹈和歌赞；《曼陀罗仪轨汇编》和结手印法并做到了娴熟。此后来到了夏鲁寺，从大金刚持琼布勒巴[6]听受了以瑜伽部的诸曼陀罗灌顶为首，现存藏地的大部分清净灌顶法流未断的传承——密宗下三部的诸经教，此外，还听受了《胜乐》卢、那等的密宗无上部的许多经教。总之，从这位上师处如瓶满灌之状地听受了现存的大密金刚乘的一切经教和要门，做到了悉皆饱学。琼布上师讲道："现在法已交付了法主，无遗憾矣。"从此处又来到上师德庆巴·却吉白哇前，学习了《金刚心释》《金刚手菩萨赞疏》和《那若巴大疏》等《时轮》的全部分支，以及

---

① 德庆巴·却吉白哇：他是德庆寺堪布，属夏鲁派。

② 《吉祥时轮》内、外、别：即内外别三种时轮。外时轮，指须弥山、四大洲、八小洲等器世间；内时轮，指五欲界、六欲天、十六色界、四无色处边等三十一有情世间；别时轮，指生起次第的所依能依坛场和圆满次第的风、脉、明点等。

③ 舞、画、唪三艺：亲教师、轨范师、悦众师及供祀师等必须娴熟的三种技艺。舞，谓穿戴舞衣面具跳神；画，谓绘制坛场；唪，谓举腔唪诵。

④ 三鬘类：有《金刚鬘》《瑜伽鬘》《光明穗鬘》。

⑤ 深广妙法："深"指文殊菩萨宏传的甚深见——中观见；"广"指弥勒菩萨宏传的广大行——菩萨行。大乘佛教就是这二者的结合。

⑥ 琼布勒巴：即穹勒巴。本名迅努索南，布敦大师的弟子，是宗喀巴大师学密法的主要上师。

学习了布敦大师所著两种传规的《密集》等许多密乘法类。此后又来到日沃德庆寺，从善巧瑜伽的三藏法师坚赞扎巴（幢称）[①] 又听受了布敦大师所著的《金刚生大疏续》《瑜伽本释续》《净治恶趣续》《最胜吉祥》《真实光明》《憍萨罗庄严》《最胜吉祥广疏》等各种无量的本续及其天竺原疏的各类经传，故而圆满掌握了金刚乘的法理。此后与邬玛巴上师一起，来到噶瓦栋[②]，在师徒二人严格闭关实修中，由邬玛巴上师传语，从文殊菩萨听受了许多教法，并请问了无量难解之处。特别将上师与文殊菩萨视为无二无别，日夜祈祷念修，故而未经多日，独勇文殊真身便显现，向大师施授了独勇文殊、内修、密修、护法神羯摩阎罗法王的内外密三修的随许、加持和等持四灌顶等，并还听受了许多羯摩集法类的讲授。此外又由邬玛巴上师传语，文殊菩萨指示道："从今以后应视上师本尊为无二无别，虔诚祈祷、积资净罪和做观察。这三方面结合一起不断实修，无需长久，对见要究竟及显密的一切义理法便能获得无误定解。若虽现在就观察，然而只会有近似利益，故当暂先循世，将依止远离而修行作为精要。"大师仰仗文殊之策励，决定随即循世，将于静处修行作为精要。

大师年三十六岁时，携同纯正的眷众七人，去了沃卡却隆[③]。在此安住期间，念起首先积净为重要，于是师徒全体便励力完成具足四力[④]的积资净罪。大师自己亦不间断地进行忏悔相属的拜佛和敬献曼陀罗，手指全都破裂。由于敬献石制的曼陀罗

---

① 坚赞扎巴：布敦大师的法嗣，夏鲁派僧人。

② 噶瓦栋：寺名，在拉萨市堆龙德庆县觉摩隆河对岸，为噶当派古寺。

③ 沃卡却隆：在山南专区桑县沃卡河谷内。

④ 四力：1. 恃像力，指归依和发心两种念头；2. 弃舍力，指对以前恶业所生悔改决心；3. 远离恶业力，指以后不再作恶的誓言；4. 遍行对治力，指为净除恶业而做善事的实际行动。

供，两腕竟皆磨破，然而全然不顾，长期坚持进行着难以计量的猛厉精进等缘想契经所讲的菩萨之大志和每一广大行之修行养心。所以，对一切佛经的义理非只取一般字句，而是将全部经论之要义，无余现为教授。如此之情，亦如《宗喀巴大师传》中所讲：

从此强烈恒信最胜者，
消除化机心闇的文殊，
为现一切经文为教授，
祈祷恒积一切因资粮。

此后，为吉祥金刚手所亲自摄受的堪钦却多瓦·南喀坚赞(虚空藏)[①] 遵照本尊的授记，迎请大师，大师故于年三十七岁上，经涅[②]在转法轮节藏历六月初四来到洛扎的扎窝寺[③]。当堪钦前来迎接时，亲见一位光网庄严的文殊驾临。大师亦见堪钦南喀坚赞为真金刚手，彼此互生了奇异的清净观相。那天黎明，堪钦却多瓦于耳中听到说："应当向弥勒请教《集学论》。"大师应其请求，向以堪钦为主的洛扎诸比立，讲说了《集学论》，又单为堪钦一人授与了《五部陀罗尼》的许多灌顶和随许。大师从堪软却多瓦圆满学习了《菩提道次第引导法》。此法有由贡巴

① 却多瓦·南喀坚赞：噶当教典派大德（1326—1402）。住持洛扎寺。宗喀巴大师曾与他共研经教。

② 涅：地区名，即山南隆子县列麦乡一带。

③ 扎窝寺：全名洛扎·扎窝寺。是噶举派始祖玛尔巴译师的居住地。

瓦[1]大师传给乃邬素巴[2]和由京俄互传给甲域瓦[3]两系的经验传授，大师皆做了圆满的学习。此外还受学了金刚手法类的许多随许和堪钦本人的全集等。彼时，大师心中念起应当明确抉择圣师徒的意趣——究竟见地究竟和《吉祥胜乐轮》的诸法类，尤其是《密集》的五次第，以其中这个幻身的建立最难了悟，故若通达，意义甚大；若不了悟，那凭依无上密宗乘道而成佛之理，便唯成了空言。于是，一种现在就应当为了寻求能如实无误地开示圣者密意的善知识而不惜翻身舍命，甘愿承受任何艰难，遂赴天竺，拜见阿阇黎龙菩提[4]和大德弥多罗佐格[5]的心意，便经常生起并禀告了堪钦。堪钦却多瓦授记道："你赴天竺，纵可成为善巧十八明处[6]的大班智达，作大菩提寺的堪布，但寿量会减短。诸弟子亦不堪炎热，故成寿命之难，对弟子众徒无益，是故不如安住藏地，祈祷最胜本尊至尊文殊菩萨，定能成就广大佛教事业。"劝请勿赴天竺。大师即遵堪钦之旨，打消了赴竺之念，

---

① 贡巴瓦：11 世纪藏传佛教噶当派的一位格西名。热振寺第三任座主。仲敦巴的弟子。

② 乃邬素巴：本名耶协拔（1042—1118）。属噶当要门派法统。

③ 甲域瓦：此僧本名仁钦宁布（1075—1138），是京俄瓦的弟子，属噶当教授派法统。甲域是地名，在塔布以南接近门域地区。

④ 龙菩提：那烂陀寺主，约为公元 14 世纪时人。

⑤ 弥多罗佐格：即月贤。是传持释迦牟尼演说的时轮密法的人。他是苫婆罗闺的法王之一。

⑥ 十八明处：1. 音乐：2. 春方；3. 生艺；4. 数目；5. 声学；6. 察医方；7. 礼仪；8. 造作；9；射方. 10. 成语. 正语；11. 修习；12. 闻；13. 念；14. 观星；15. 占卜；16. 幻术；17. 历史；18. 故事。又称十八大经，包括六论与八论和四吠陀。六论：1. 式叉论，明六十四种之能法；2. 毗伽论，释诸无常之法；3. 柯剌波论．释诸天仙上古以来之因缘名字；4. 坚底沙论，释天文、地理、算数等之法；5. 阐陀论，释作首庐迦之法；6. 尼鹿多论，释一切物之名之因缘。八论：7. 肩亡婆论，简释诸法之是非；8. 那邪毗萨多论，明诸法之道理；9. 伊底迦婆论，明传记宿世之事；10. 僧法论，明二十五谛之义；11. 课伽论，明摄心之事（此之两论，皆释解脱之法）；12. 陀菟论，释用兵杖之法；13. 键闼婆论，释音乐之法；14. 阿输陀，释医方（出自"百疏"上之下 199 · 3）。四吠陀：15. 耶柔吠陀，即祠祀吠陀；16. 黎俱吠陀，即禳灾明论；17. 阿达婆吠陀，即赞颂明论；18. 娑摩吠陀，即歌咏明论。

又来到了涅与洛若[①]。在洛若栋达约五个月中，专精修证，详阅了噶当派大善知识卓隆巴[②]所著的《教法次第》，故对《现观庄严论》中的一切所诠，拿来作为一个补特伽罗成佛之教授的道理，并非仅取词句的一般理解，而是产生了与二位大乘师之主张特别随顺的道之体性、定数和程序等的殊胜定解。此后又参见了堪钦却郊桑布（救贤）[③]，从堪钦圆满听受了错那巴[④]道次的《菩提道灯论》的解释和阿底峡的教授。此教授有从噶当教典派[⑤]传出的讲解，经博多瓦[⑥]传与夏惹瓦[⑦]和传与兑巴[⑧]的二种，大师皆已学完。故而宗喀巴大师便成为通掌一切佛经之集要——二位大乘师之道规、三士夫实修的一切次第之全集——吉祥无匹大觉沃的菩提道次教授修持之规和总括噶当派传承三河流的全部教诫等的大法王。

如是宗喀巴大师对此等显密大经义，进行闻思的这种情况，亦是从最初发心起，就已连根拔除了对佛教大宝不了悟和邪分别

---

① 洛若：是指山南隆子县和错那县之间的洛若河谷一带的地名。

② 卓隆巴：本名罗朱炯乃。噶当派大德，是俄·罗丹协饶的弟子，曾建赤列寺。幼时也曾拜见过阿底峡。

③ 却郊桑布：噶当教典派大师。1395 年，宗喀巴大师参见他时，他是扎果寺住持。

④ 错那巴：即错那巴·协饶桑波。是藏族一重要佛学家。著有《毗奈耶根本论日光疏》。

⑤ 噶当教典派：从仲敦巴·甲卫琼内的亲授弟子格西·博多瓦钦波、格西·夏惹瓦等到涅·扎果大堪布曲加桑波之间，遂步传承的教授法，称作噶当正典。因为这是结合《噶当六书》，即《本生经》《集法句经》《大乘庄严经论》《菩萨学论》《入菩萨行论》《菩萨地》来进行传授的教法。

⑥ 博多瓦：全名博多瓦·仁钦色（1031—1105）。是仲敦巴的最著名弟子之一。他所传的噶当派的一支，称教典派，意为这一支派比较重视佛教经典的学习。他曾任过热振寺堪布，收门徒数千人。因他曾修建了博多寺，故又被称为博多瓦。

⑦ 夏惹瓦：本名云丹扎（1070—1141）。从博多瓦出家学经，默记经论甚多。为宋代西藏噶当派一大学者。

⑧ 兑巴：又称兑巴玛修瓦，本名协饶嘉措（1059—1141）。兑是地名，指山南桑耶之东和温浦之西的一个地区。他是博多瓦的弟子，原噶当教典派法统。

的一切污垢，以无间铭记将此所有的清净教法心要，显扬如日的猛厉誓愿之力，并非仅仅片面听闻，而是从《律经》开头的偈颂到《吉祥密集》之间的契经和论著，总于印藏智者的经论，别于二位大乘师龙树和无著为代表的世间二圣六庄严等如虚空日月的诸贤哲之浩若大海的标准经论，进行了彻底闻思，故将各个自他宗派的一切主张，皆已无误地详细通晓。总之，对一切名为善巧之处，大师无一未学。因此，其广求多闻便达到了教德大海彼岸，成为整体佛教的大主宰。如此之情，亦如克珠杰所著的《宗喀巴传·起信津梁》中讲道："尤其是由于至尊宗喀巴大师从无始以来就已圆满成熟了善于修学的种姓之能，故于佛经及其注释所做的一切闻思修，完全未沾染丝毫为今生之利养恭敬、名誉眷属和个人谋求等皆成圆满和能见自己较他人尤为殊胜该有多好的动念之垢，实际是想较其他智者所说更为突出，以及想在广大会众中，成立自宗，使他人不能辩驳，却以种种方便之门，能破他方的主张而始心满意足与唯勤于如此行动的污垢。因此，意图自我尊胜，贬低他人和以自诩为智者的我慢，为了想在他人中出名起见而讲说、辩论、著作等这样的情形，大师从开始主要精进闻思之最初起，直乃至如今任何时候，所谓'于此时曾有过如此之情'是任何公平正直者在说话时实话时，连一次也找不到的。此情，即使下至心稍向往正法者谁来思考，若能以公正之心思维的话，这也是不禁生发增上信仰的稀有圣者之行迹。"

（三）如理修习获得证悟功德的情况

这位如是宗喀巴大师，自亲近法主顿珠仁钦以来，特别是从年十七岁到三十六岁之间，通过亲近成为卫藏地方的智者和有成就者之功德藏的上十位无净的善知识，对包括诸明处在内的显密一切经论，全然抵达了听闻大海彼岸。约在年三十三岁上，大师于雅砻门卡扎喜栋[①]驻锡时，应格西夏敦等的殷切劝请，在从桑普等上下地方之诸寺院所聚集的无量三藏法师之比丘海会中，从当月初一起，三天内讲说了玛尔巴[②]和米拉日巴[③]传记，以及一些零散的口传。从初五起，将一天订为天竺语的一个十五正时，每天都是天竺经典的讲经。十五个法座，无一间断，将二种量、《现观庄严论》《上下对法》《律经根本律》、慈氏的后四论、《中观理聚五论》《入中论》《四百论》和《入行论》等十七部大论的解说，进行了三个月。复次，对于此等大论的一切难解的要点，在以藏地诸智者大德的每一大疏为本之上，将众多其他注释的讲法，以破立而加以抉择。将其余诸论典，大多在各自的任一原注上，全以现有的智慧、做了详细的解说，所以，像以这样的智者智慧，讲说的情形，休说在雪域藏地，就是在昔往天竺圣地也无所闻，因此，卫藏的一切大善知识亦对大师如此年少而能无余圆具智慧与辩才之情，无不十分惊异。从心底不禁起信，信仰之毛发骤然竖动，悉皆异口同声地说："此乃为本尊所摄受，是证得了于陀罗尼和辩才之不可思议的现证获得树力的三净地之位的象征。"

大师年三十六岁时，遵照文殊菩萨的教诲策励，舍弃一切世俗事物，观修上师与本尊无有分别而为祈祷，修积了许多因资

---

① 雅砻门卡扎喜栋：在山南乃东县境内。

② 玛尔巴：全名玛尔巴·曲吉洛追（法慧）（1012—1097）。藏传佛教塔波噶举派祖师，被称为讲说与实修之主。生于洛扎县普曲地方，为玛尔族，故又称洛扎巴·玛尔巴。自幼习法，15 岁时从卓弥译师学梵文。数次去印度和尼泊尔，从那惹巴等佛学家学习《喜金刚》《密集》和《大手印》等密法。回藏后，在洛扎卓拢地方收徒说法，一生未出家。从学弟子甚多，最著名者有米拉日巴和梅顿村波·寓坚赞。终年 81 岁。

③ 米拉日巴：全名米拉日巴·推巴噶（闻喜）（1040—1128）。生于阿里拉堆贡塘加阿杂地方。1078 年，闻玛尔巴译师之名，前往洛扎学道，历经六年之久，勤服劳役，尽苦行，终得玛尔巴之要道。重返阿里，隐迹山林中，采食荨麻度日，专心修行。著有《道歌集》行世。有弟子日穹巴和塔波拉杰等，形成噶举派中修行派。

粮，凭依此等，将一切经论皆现为教授。此亦不是仅取圣道一分，而是集中精进于显密整体之道的实修，所以，不是像那种仅得内外共有的一种功德，便自以为是很高的证悟，而是于心中产生了全如佛经及其注释所讲的标准证悟。如大师讲道："无需仅因他人为我陈设美好座位和恭敬承事做了多少而专为此思考，即于当时就感到这一切都是无常而不可靠，等同幻术之诱骗的感觉，视之为债务。这种长久生自内心的变化，是从最初就自然而有。"内心厌离已成殊胜的依他之情，亦非如初业者需要观待于再再特意思维和修习总的生死与诸别苦，而是唯从幼年时起，就见一切生死如火炽燃之界的真实厌离便于内心自然而有，即如克珠·唐吉钦巴所讲："此乃此生所得之俱生功德，并非于此生重新生发对治的加行所成。"又讲道："此乃极高的证悟。其为殊胜，是诸多盛名藏地者仅连一分亦不能比的现证功德。"大师自己也讲道："一切功德之本，就是清净自己所承许守护的律仪。我于别解脱中之他胜罪、僧残罪等堕罪未曾犯过。即使有时误犯某些堕罪与恶作，亦立即忏悔防护。"如此所讲，大师念起佛法之必不可少的根本唯是正法《律经》后，故在住于涅的期间，向诸化机讲了众多律学法类，下至戒律细微之处，亦执行得不致违犯，师徒全体纵于行住的一切临时也都做到守持以三法衣①为主的沙门应有的相装，故而持戒之美誉传遍了一切方隅。在朗孜顶寺②，三位法主③聚会，校订《律经》教法大宝，对《十七事》和《广戒经》等中所讲的粗细律制的体性、程序、如何守护之规和改正的仪轨等，完整地建立了《律经》所讲的行持清

---

① 三法衣：上衣、下衣、内衣（又译作袒衣）。

② 朗孜顶寺：13 世纪时噶当派僧阿尔钦布·降曲耶协建。在热振寺以西，堆龙浦河谷内。

③ 三位法主：即宗喀巴、仁达瓦和郊乔白桑。

规。总之，不论任何时间与短暂之中，也永远不被别解脱中的堕罪污垢所沾染，唯将最极清净的诸规矩作为主要的加行，故那戒蕴圆满之情，即如克珠·唐吉钦巴所讲：

纵以佛智详观察，
师心清净戒学行，
丝毫废弛之罪过，
亦不能见诚告白。

同样，对于菩萨戒律和密乘誓言，依于视为更重要的门理，恶行虽仅一分，也不使沾染，将如眼睛一般地守护誓言作为首要和由大慈大悲而等起的菩提心大宝于心中无间存有等全如过去发心发愿之情，皆如前面略讲。总之，直至轮回不尽，都不仅无间地学习菩萨广大行，而且在共同的心目中，那种即使按照大师此寿，内心也永存真实菩提心之情，亦如克珠·唐吉钦巴所讲：

师于意乐轿不取，
有情利乐相绝无，
伟大诸行达究竟，
卓越志向我启请。

特别是内心生起清净正见之情，由于在未参见邬玛巴上师前，大师已想到若能无颠倒获得此甚深中观正见该有多好的猛厉心愿就已常有，所以，参见邬玛巴以后，由上师代语，就向真至尊的文殊菩萨请教了诸多关于正见的问题而断除了增益。尤其由于文殊菩萨将应成自续宗见之差别、所破的粗细正量和了悟正见的标准等要义，做了总括的讲说。于沃卡和却隆等处，无间地进行了积资净罪，故而亲见了无量的佛菩萨和静猛本尊之圣容，特别在沃卡拉顶时，当观上师与文殊菩萨为无二无别，猛厉祈祷，使正见的观修生发实效时，遂见圣者龙树师徒五位之容，出现了其中桑杰琼①手持一本梵文的《中观论》，为做加持之相，翌日便得一部《佛护论》，经详细研读，便对正见之究竟枢要——龙树师徒的无误意趣，生发了透彻的定解，相执的一切缘虑随即自灭。对真实义理，担心落入他边的怀疑，悉皆连根拔除，如实现见了真实义，故对本师薄伽梵生发了坚固的不变虔信，讲说了这部依于甚深缘起之门理，而赞美如来的《善说藏》。如是亦如克珠·唐吉钦巴所讲："大师以正理力，于真实义无余断除了疑团。勤修一心专注空性的三摩地并运用正知正念，充分保持的串修已达究竟。由此力故，如大师自言道：'现在由于已善妙熟习，故在后得时亦能见所有各种现相同性本空如幻现起，未合入空性印证的庸俗现相大都不能现起了。'"如是圣道三要②等大乘共通的诸殊胜证悟，大师心中不仅领有，而且那种总于不共的密乘，别于无上密乘二次第③的证悟，也已娴熟之情，即是总的在修习生起次第中，由主要破除凡常执着，自已能转成真实天幔，并当渐次观想粗分所依能依时，能如所观想而出现得最极清楚。这由于需要一种现如真实，所以，此亦除由渐次外，不能刹那间明显现起的间段是初业位；粗分所依能依曼陀罗虽能刹那间明显现起，眼等处之细分本尊和脉与界的本尊等诸细分，虽能逐渐出现明相，但是，此等皆不能刹那出现明相的间段是略降少智；不

① 桑杰琼：佛护（470—546），亦作觉护。印度大乘佛教中观派论师。据西藏多罗那他《印度佛教史》第二十三章等载，为南印度坦婆罗人。出家博学，是龙友的弟子。从僧伽罗若什达学龙树的空宗教义，为龙树、提婆等人所撰的诸论作注释。著有《根本中论注》等，发展中观派学说。

② 圣道三要：出离心、菩提心和正见等三者。

③ 二次第：即生起次第和圆满次第。

仅粗分，而且诸细微本尊身之面臂眼等的黑白界限，若也不混淆而能刹那间如实现起，就是于智慧获得了自在。此复若能坚持并保任到随时如愿，则安立为粗分生起次第一念的瑜伽达到究竟。所谓一念之义，亦在《辨析宝苗论》中讲道："所谓一念，非谓或念本尊一次或唯念单独一个本尊，是念总共本尊或念自与本尊为一体。"如此所讲，就是指串修本尊明相和我慢。经中是将此分位说成是获得显乘的第八住心[①]之量。又修习下门细分时，若能于降入佛母[②]莲花[③]的芥子粒大小的明点内，顿时最极清楚地观想出一切所依能依曼陀罗而且又是一切粗细本尊之黑白眼睛行相等也不混淆而能获得极清楚又不动的坚固的话，则将于智慧获得自在的生次说成细微瑜伽达到究竟之量，并将此分位说成显乘的寂止与胜观已成之量。此时寂止成就之理，说是若能内心强将字母和细微明点持于或上下的两个顶端或脐间或心间，便由所修之处与所缘境的要处令风心住于体内，此时，被身心轻安之喜乐所摄持的寂止就能成就。又胜观成就之理，说是由于串习了细微明点瑜伽，所以在修习再再收放的审慎寻思的观察修的最后，胜观就能成就。

大师来到沃卡札栋[④]后，由修学了总摄轮[⑤]的近修和尼古六法[⑥]的引导，故而生起了诸多稀有的验证。转赴沃卡桑昂朗后[⑦]，进行了最极严密的冬令闭修。在奋力修证期间，欲著《建立次第疏》和《密宗道次第广论》时，大师说："总于《五次第》

① 第八住心：即励力求得无功用住，是为专注一境。

② 佛母：本尊阴体。密宗本尊代表智慧的部分。

③ 莲花：女生殖器的异名。

④ 沃卡札栋：在乃东县西和津河谷口，原为宁玛派古庙。

⑤ 总摄轮：即胜乐，无上密乘本尊呬噜迦的异名。

⑥ 尼古六法：密乘尼古空行所传六种秘法；脐火暖乐自然、自身贪愦自解、梦境迷乱自净、光明愚钝自醒、往生不修自觉、中有如来报身。总为尼古空行所传六法。

⑦ 沃卡桑昂朗：在山南桑日县东，曲松县北。

要义，别于第三次第幻身的修法等凡《吉祥密集根本解释续》和圣者五师徒之论典所讲的诸不共义，均已彻底了解。虽过十余载，但至今不敢宣说。现在亦只略说其少分。”即是说并不成为过去雪域之境的大多数自诩为智者那样所了悟的境界，而是由大师的无上智慧与辩才，无颠倒地如实了解了一切续部之义——圣师徒的意趣，并于内心生起稀有的证悟后，虽经久时，然而想到如若一旦宣与非法器者，则会发生泄密之罪和未到时机后，只好深藏于自己心中，于他人极为保密。时机到后，再以极秘密的方式，向诸具法器的弟子略宣其一二。此外，在平常人的心目中，大师近前的诸人见大师进行本尊念修和正见的观察时，不论修行三门的怎样行，除了专心致志外，此等似乎全不放在心上，所以启问：“大师的心境是从何时而有的?”大师答道：“修善行时出现过这样的心境，是从绛巴林寺中就有的。观察和细考时出现这样的心境，是从以前就有。”这是对三摩地获得坚固的殊胜相。即如克珠·唐吉钦巴所讲：

粗细瑜伽达究竟，（粗细本尊瑜伽）
凡俗执迷皆远离，
任现皆为坛城像，
师心不动我启请。

同样，圆满次第的证悟又如何获得之理。总之，若谓生起次第的证悟达到究竟后，圆满次第的证悟发生之量是多少？按照《密集》所讲，初次第——金刚念诵次第中有身远离[1]分和语远

① 身远离：即身寂。三寂之一。修微细明点于下门，吸纳风息渗入中脉以生起俱生的融化乐。

离[1]分两部分。身远离又有生起次第分和圆满次第分二者，所以，是把由依手印的大乐，现前的乐空智之所取相[2]现为本尊的身远离安立为生起次第；将由修所成力[3]使风息入、住、融于中脉由此所生的俱生乐，现前空性的乐空智之所取行相现为本尊的身远离安立为圆满次第，这是如《五次第明灯论》中所讲。此中若能证得无学[4]的双运金刚持果位，则需要获得彼由何所生的胜义光明心和清净幻身双运转的有学[5]双运，而清净幻身能成，则需要修成唯由其近因[6]——第三次第之风心所成的世俗幻身；此中又需要此的成就所依——一切风息如死次第而隐没的心远离[7]究竟的喻光明[8]先行；此中需要由三顶端的命力[9]解开心间的大多数脉结[10]，诸粗风息融入中脉的语远离先行，此中又需要能固心于末尼是中脉中心的标帜或细点的身远离细瑜伽先行。所以，降央却吉·扎西班丹如是所讲的

以平常情器世界现空[11]，

---

① 语远离：即语寂。三寂之一。修三明点之心风于鼻、心及密处等三尖端，使风息内渗以生起四空。

② 所取行相：又名所了相。心识面向外境，生成所取外境之相状。如眼识等一切了别外境之识。

③ 修所成力：长期修道所得殊胜工夫和力量。

④ 无学：住无学道。各自证得究竟的补特伽罗。

⑤ 有学：尚须修学道位者。

⑥ 近因：亲因。迅即生起后果的种子。

⑦ 心远离：远离生死，涅槃根本，寻思心风，体性现为空乐无别时所修圆满次第瑜伽。

⑧ 喻光明：譬喻光明。圆满次第法门之一。收摄心风入于心间，由此之力，睡眠、错乱所起二障，不复现行。

⑨ 三顶端的命力：三顶端，是指鼻、心和私处。命力，如来金刚云：“由于脐处修细音韵阿利噶利加行瑜伽或于心处修习明点等瑜伽静处，能遮命处外转，故名命力。”

⑩ 脉结：藏医所说人体血管扭结处。

⑪ 平常情器世间：即平常的大地和动物。现空：现分和空分，谓方便和智慧。

幻化和深明无二瑜伽[①]，
现为大乐本尊行相时，
是身金刚瑜伽法之主。

即是说，由于凭依由修所成力吸纳风息，使进入中脉和由依“脐轮火”[②] 炽燃，熔化“菩提心”而引生了上降下固的四喜[③]，所以，在出了俱生的大乐和空性二者成了如水中注水的乐空无二无别之定的后得位中，便获得了凡显现皆为大乐智的游戏和即此智慧现为本尊身行相的身远离——身金刚瑜伽。又讲道：

诵三身金刚[④]生和进入，
心间莲为咒音时即是，
入住融的光明大手印，
是语金刚瑜伽法之主。

所以，即是说，凭依三顶端瑜伽或使心间的不坏明点[⑤]生、入、住于三金刚自性——咒音的风咒无二无别之金刚念诵，而获得令风息入、住、融于中脉的乐空三摩地语远离——语金刚瑜伽。又讲道：

---

① 深明无二瑜伽：空分和智慧无二无别的相应观行。

② 脐轮火：猛厉火或名绝地火。梵音译作旃陀离。密宗圆满次第根本法之一。集中坚守脉、风、明点，以使脐中针形（形如倒竖梵文字母短阿）燃起乐暖。功能猛厉焚烧一切不净蕴界，尽灭一切烦恼寻思，迅速生起俱生妙智。

③ 上降下固四喜：无上密乘圆满次第所说摄气入窍，修脐轮火所生证境之一。菩提自顶下降为喜，降至喉轮为胜喜，降至心轮为离喜，降至脐轮为俱生喜。此为上降四喜。菩提自下逆行，由隐经脐、心、喉乃至顶轮四处，所生四喜。此为下固四喜。

④ 三身金刚：如来三身，即法身、报身和化身金刚。

⑤ 不坏明点：或译不散明点。密乘所说永时不散的明点。此明点住于有情心莲之中。

由脐轮旃陀离猛厉火，
熔化灌顶ཧཾ(杭) 字于中脉，
由此俱生大乐如游戏，
是意金刚瑜伽法之主。

所以，即是说，由于以脐轮猛厉火熔化了顶间的菩提心，所以，凭依上降的四喜，以及与随融①和整持②的二虑静相同的收摄次第，无余解开一切脉结，使一切风息全都融于心间的不坏明点，所以，就使基位心③生发为三空④，特别生发为一切空俱生的大乐体性，而证得了心远离究竟的喻光明——意金刚瑜伽。

这样的密乘大瑜伽之心识中的证悟，除了在具足彼道和彼心识的瑜伽行者内部成为彼此的行境外，岂能成为观现世凡夫的能见境界。然而，仅以证悟达到极高之量的征象为例，大师来到塔布敏隆嘉索浦⑤后，一心勤奋修持时，就亲见了至尊度母和顶髻尊胜佛等诸多殊胜本尊和圣者龙树等天竺的许多班智达与成就者的圣容，特别是文殊菩萨，一把利剑之柄插在了众佛菩萨拥绕的文殊菩萨像之心间，剑端插于宗喀巴大师的心间，一股白黄色的甘露极其油亮，犹如光流，从文殊菩萨的心间，经过剑身，源源不断地注入了大师心间，故于心识之中生起了稀有的无漏乐。又于该处亲见了金刚大威德之圣容。从彼时起，便不间断地每天修

---

① 随融：亦译随灭。是六加行的第五阶级。无上密乘生起次第修习时，在本尊无量宫融成光明后，自身亦随而融成光明的先后次第。

② 整持：是六加行的第四阶段。主要是修在光明中化粗身为细身的幻身修法。

③ 基位心：是指与微细持命风并存不离之心而言。

④ 三空：空、甚空、大空。

⑤ 塔布敏隆嘉索浦：在林芝境内。

行着大威德的自入[1]。在涅麦森格宗驻锡[2]时，由于对诸修证的种类中的《吉祥时轮》的圆满次第六支[3]等的诸要道，做了透彻的观察，故于心中生起了坚固的定解。彼时，世尊时轮独勇[4]之现身感觉不断出现。有一夜晚，吉祥时轮之圣容又真实展现，授记安慰道：“汝娴于时轮法，犹如月贤之再来。”于沃卡桑登林寺[5]闭又精修，发心欲著《吉祥密集圆满次第五次第明灯论》方起稿时，大师于梦中见到了十九尊密集文殊金刚本尊的圆满曼陀罗，并梦到曼陀罗主尊给与大师一只盛满净水的宝瓶，讲道：“此水乃吉祥阿底峡住于聂塘吉曲河边时，文殊菩萨与慈尊二佛就何为三身和二身，进行佛法研讨的水。此水从大尊者阿底峡以后至今，虽已过三百一十年，但于此间未寻得授处，现授与你。”又梦见在一个堆嵌诸多珍宝的宝座上坐着布敦唐吉钦巴，他授与了一本《密集根本续》经书，吩咐说：“现在作此法的主人吧。ཧཱུྃ་བཛྲ་ཨུ་དི་ཙ（哞，班杂乌迪恰）。”遂以三次明咒和手印，举在大师顶上，为其加持，这实际上是灌顶授权为大密金刚乘的教主，大师亦如是而想并做了应诺。彼时，由于研读了《摄行灯论》，故对洛扎玛尔巴译师的意精华《九类融合》[6] 的一切要

① 自入：自受灌顶。为他人灌顶之先，金刚阿阇黎自己进入智慧坛场之中，观自我与本尊身、语、意、德、业五者无二无别，按受灌顶，取得允许弟子进入坛场之资格。

② 涅麦森格宗：在山南隆子县列麦乡东部。

③ 圆满次第六支：即圆满次第修炼气息时，于所缘境上进行收摄、禅定、运风、随念和三摩地。

④ 时轮独勇：指时轮金刚没有佛母的单身佛。

⑤ 沃卡桑登林寺：在山南桑日县东，曲松县北。

⑥《九类融合》：噶举派的特殊修法之一。即热穷巴九种往生法：贪欲和合大乐脐轮火、嗔恨和合无实修幻身、愚痴和合无分别修光明、幻身和合脐轮火昼间修、光明和合梦境夜间修、中阴和合往生死时修、精勤者修脐火、懈怠者修梦境和短寿者修和合往生。

门获得了定解。于甘丹寺，大师造了胜乐的立体坛场，进行修供[①]时，亲见了吉祥胜乐轮曼陀罗之全部天众的圣容。供鬘、《三昧彩绘》和《杜鹃歌音》二颂词，大师此时亲见诸空行母从虚空中在讽诵。又在甘丹寺驻锡期间，于一身感不适之时，而当师徒们稳固入定时，于大师的现身感觉中亲见一尊身体极其魁梧、威严赫赫的无匹释迦王在结降魔手印，当入没于大师后，遂即获得了制伏一切魔部之位。与此同时，由六臂智慧护法引导，羯摩阎罗法王用绳索绕着一个主要作害者的颈项而牵走，由护国药叉威逼着，从后面驱赶，用弯刀斩首，装入大师稳固的三摩地所变化的三角形地坑中。在此同时，外面黑品煞星、鬼宿、龙和食肉罗刹等四部之军哀号失败，不绝于耳，带着号啕声，逃往各方。大师身边的所有徒众亦皆看到了所见情景。此外，大师自己曾说："每当年寿之众难恶兆何时出现时，就定会出现一次威严难忍的世尊金刚大威德之像和吉祥大轮的粗壮身像，其自量优如达到梵天世间的现身感觉，由于此力彼危难之相亦皆自灭。"又在一证师梦中梦见一座名为大师的塔，塔规格美好齐全，塔顶高入云际，众多空行母手托盛满白色甘露的珍宝素瓶，从云隙中注甘露于塔，醒后立即请问圣尊文殊，圣尊告知道："此等征象乃是大师心中彻底圆具了显密道的一切不可缺少的建立理解和殊胜的乐空三摩地于心相续中生起的征相。"又有些弟子问大师道：诸觉悟是从何时圆满的？大师答道："密乘之诸不可缺少者是从年五十六岁时圆满的。波罗蜜多喽，是早已圆满了。但是，又能彻底了解证得一切度之理，显然必须观待于能理解密行的一个分位，是故彼亦从年五十六岁时方圆满。"又在某时，至尊文殊亲展圣容而授记说："从今以后，若主要勤修生圆二次第瑜伽，则

① 修供：修供仪轨。密乘为本尊而进行修习、供奉、颂赞的仪式。

心中能迅速生起无上密乘的殊胜证悟，且具缘的诸弟子也能生起一种道之殊胜证悟。”大师讲了由于我的四大[①]不调，故不大信赖内心的感觉，须问证士，所以证士回禀道：“这不须赘述，对于能有舍此世心的合器侍徒，圆满开示显密之路后，令其勤修。对于大师，我已启头号至尊文殊，得开示说：‘宗喀巴大师若以闭关勤修为主，心中迅速生起彼道的内因——殊胜的乐空智等，宗喀巴心中是早已生起了的，而且外缘——诸刹土空行母作殊胜助伴，也会迅速到来，由本尊加持的诸因取边也已齐备，所以道于心中将迅速生起。’”所谓“此时道于心中将迅速生起”的道，讲了是指心远离的证悟于心中生起。又大师于年五十六岁，在甘丹寺闭关坐修时，亲见ཨ་ཧཾ(厄旺）二宗[②]从自己上方鼻准中脉上端，形如光线，白花花向下而来，从此以后不共的殊胜溶乐[③]与空性和合的乐空四喜妙智[④]和四空[⑤]体性便于心中生起，所以，从此以后，殊胜的乐空妙智便经常保持，故于入定中就能修习随融和整持二静虑的收摄次第和在出定后凡显现亦皆是本尊曼陀罗现为乐空的变化，以如此而度岁月等能生心远离之证悟的内因——下至语远离的乐空妙智等已于心中产生了。此亦如克珠·唐吉钦巴所讲：“此非如仅将某一属于当今内外二道的共同三摩地分取为乐空智之名，而是由于乐空四喜妙智和四空之本体生发后，从此经常修习殊胜的乐空妙智，故于入定中便平等住于全如续部所讲的乐空妙智和得道者的典籍中所讲的三摩地，并于出定后所现一切皆是本尊曼陀罗现为乐空的变化，以此而度时日。此

① 四大：四大种，即地、水、火、风。
② 厄旺：厄字表示智慧空。旺字表示方便大乐。
③ 溶乐：溶解种子所生的安乐感觉。
④ 四喜妙智：由四种喜所生的四种智慧。
⑤ 四空体性：由空、甚空、大空、一切空所生的四种空性妙智。

理，若由一位对续部和大成就者的要门略有了解者来思维，也是难于衡量的现证功德。当知是给予大金刚持（指宗喀巴）此生的道的种类已居他心中发生。”当心远离究竟的证悟于大师的心中生起，已到依止外手印的行之时，许多大弟子请求大师说：“现在大师您内部的近因和诸外因已齐备，所以现在需外因或近取因，请取用一位适合的业印母①。为佳。”大师讲道：“我本身完全具有内部的诸近取因，也有可以依的诸要领，所以不会发生过患，而能成为迅速成佛的方便。但是，总于佛教有损害，特别是我的诸弟子会说，我等的上师也正式依手印而修，所以我等亦依止为好，以及将有无秘诀，是否到了依止之时全都混而为后，专重视妇女，于今生后世会使许多自他毁灭。”如此所讲，就是“心远离”究竟的三摩地于大师心中生起后，若修三行任何一种，都能不费辛劳而成就幻身。幻身若成，即于此生定能成佛。但是，大师唯视佛教大宝为重要，念起诸随行化机若不主要守持佛教之根本别解脱的律制，清净佛教就不能久住后，并未正式而行。于后来示现涅槃之情时，代替正行的是由死时光明与道位光明和合的光明——母子混合的等持，于中阴②起为圆满受用幻身而成佛之情。此亦如克珠·唐吉钦巴所讲：

光明法身已证得，
尔时尊身变光团，
中阴圆满报幻身，
得胜悉地我启请。

① 业印母：藏传佛教活佛之妻；瑜伽咒师所依止的明妃。
② 中阴：中有。前身已弃，后身未得。即死后未投生中间。

以及在《正信津梁传》中讲道："仅此所谓'即于此生其诸因聚已在心相续中如此完满生起了'的极细微的理由本身，我就有所讲述。但是，由于未准公开，故不书之。一些能稍了解的语义，已在不共的传记中有所讲说。"

三、获得功德后为佛教做事业之情

大师遵照文殊菩萨的语旨策励，念起修缮真起寺①来到了沃卡。此寺原由贡巴饶色大喇嘛（意明）② 的弟子喀米·悦丹雍仲（功德坚固）所建的一座以觉沃弥勒铜像为主并有佛像佛塔的寺院。然而，一个时期此处已经衰落，极其贫困。大师见此情景，心中难忍，遂将经堂佛像佛塔修缮一新。当举行开光仪轨时，出现了智尊③融入各三昧耶尊④等奇异的稀有行状。对此，被公许为大师四大事业之一的真起寺弥勒佛像培修功业。此后，在驻锡洛扎扎窝寺期间，心中难忍当时《律经》教法大宝严重衰落，念起佛教之本取决于别解脱律仪清净后，为了此能最极兴盛的缘起，并又遵照文殊菩萨的语旨策励，遂造了《梵冠赞》并派人将此赞文，以及三法衣、钵杖、敷具和滤水袋⑤等无不齐全的比丘用器，供献于真起寺慈尊佛前。又于此寺讲了众多《律经》法类，建立了佛教大宝的基础。

---

① 真起寺：公元 10 世纪噶当派所修的古庙，在沃卡的北面桑日县境内。

② 贡巴饶色大喇嘛：藏传佛教东律初祖。西藏彭波地方人，生于公元 952 年。他从小迁居多康的丹德地方。22 岁时（公元 973），从西藏潜逃其地的藏僧三人及在西宁附近寻得汉僧二人，受近圆戒。布敦仁钦珠以此年为始计算藏传佛教的后弘期。公元 978 年，他为鲁梅等十名卫藏僧人传授近圆戒。仲敦巴以此年为藏传佛教后弘期起算之年。其所传戒律，称为下路弘传或称东律。

③ 智尊：元始已有的，迎来融入三昧耶尊的出世间本尊。

④ 三昧耶尊：誓言本尊。密乘行者心中观想起的自生本尊和前生本尊影像。

⑤ 滤水袋：滤水器。滤去水中昆虫所用布袋。《律经》所说比丘用器之一。

大师年四十岁时来到了涅堆的惹宗寺，在度夏令的安居中，后来的上首弟子杰曹·塔玛仁钦[①]初次参见了大师，大师以大慈大悲，摄受其为第一弟子。从此他便不离大师左右。彼时，大师承诺于涅地建立转法轮，由惹宗寺堪布作施主，聚集了涅一带大部分僧团的所有三藏法师。大师大转法轮长达数日，并为从各方聚来的无量士夫授与了斋戒和皈依，故以结合饶益当前与长远的纯净善业等圣教之喜宴而度岁月。对此，被公称为涅·隆热钦摩[②]。大师从此转赴了吉雪，驻锡布达拉，为桑、德、贡三寺[③]和噶、觉、岁三寺[④]的众座主为首的三藏法师数百人大转了《中观光明论》《律经》和《道次第》等的法轮。此后又来到噶栋，为众多具法器化机做了《菩萨地戒品》《佛事五十颂》和《十四根本堕罪》等的详广解说，故而普降了由诸菩萨戒的体性、根本堕罪、恶行的建立有染与非有染的差别、如何学习诸学处的方法，以及欲入密咒金刚乘者如何首先依止上师之见、从具性相的金刚轨范师如何受各个续部灌顶之规、如何守护所承诺的誓言和戒律的方法等所造的大乘正法之甘露雨。彼时，至尊仁达瓦大师亦来到了噶栋。师徒二人以正法甘露，使四百五十多位善知识得到满足。此后师徒二人又来到噶当派教法的源地热振寺，至尊仁达瓦讲说了《六十正理论》《密集五次第》。宗喀巴大师将《经庄严论》《辩中论》《集论》和《菩萨地》等大乘的诸大论做了有序的编排，广做了总的道次，特别是寂止的体性和所缘相等全如《修习次第》所讲的解说，令诸学员依法实修，因此大多数学徒心中生起了随顺佛经所讲的寂止的殊胜体验。师徒二人还就

① 杰曹·塔玛仁钦（1364—1431）：宗喀巴二大弟子之年长者。1419 年，继宗喀巴大师住持甘丹寺法座，为第一任甘丹赤巴。

② 涅·隆热钦摩：涅是地名，在山南隆子县。隆热钦摩义为大经师。

③ 桑、德、贡三寺：即桑浦、德瓦坚和贡松德庆三寺。

④ 噶、觉、岁三寺：即噶瓦栋、觉摩隆和岁浦三寺。

显密道的许多难解处，以漫谈的方式做了详广的随笔。此后，大译师郊乔白桑布和至尊师徒二位等被公许为当时无诤的贤哲盛名传遍卫藏一切地方的三法主又聚会于朗孜顶寺的阿尔钦布·降曲意希经堂，由本·悦旦嘉措（土官功德海）做承事，承诺与六百余位三藏法师一起夏居。彼时，三位法主意趣一致地想到要整饬此教，使归清净。佛曾说："佛教之根本，在于正法《律经》，是故，何时世间中有《律经》法大宝圆满存在，彼时即有佛教教存在。若无彼，佛教则无。"大师对此教言深感非常沉重，心中唯想连根拔除对此圣教大宝无悟、邪解、怀疑和以轻率思想而行等的一切污垢，将此律法大宝显如丽日，故做了一遍《毗奈那》的概括解说。与此同时，完满地建立了《十七事》和《广戒经》所讲的遮戒，下至粗细分的体性、程序和如何守护之规，以及回改的仪轨等全如《律经》所讲的行持清规。彼时，多数闻习《律经》者皆能不与过犯常久同住，犯即还净。至于加持资具、定时掩厨和防护夜不多眠等的行持，下至细分起，悉皆执行，圆满复兴了佛教之本别解脱戒的基础。此外，三位法主还分别大转了法轮。晚近的一些智者，作为大师四大事业之一的涅·隆热钦摩大功业的代表，博引这个于朗孜顶寺复兴律法基础，整饬佛教，亦可见其重要。如是克珠·唐吉钦讲道："如是于此雪域之境，佛教唯剩影像之时，幸赖至尊宗喀巴大师发愿住持正法的伟大宏愿圆满成就之力，为了佛教，乘愿而来此北方一带（即藏土），以其卓越的勤奋之力，做出了不可思议的利益佛教和众生的事业。因此直到现今，诸闻思者勤奋闻思时亦能爱护戒律，特别是自诩为较优秀的三藏法师把今后饮酒和非时食等放任不节之行视为羞耻之事，过去诸大寺庙的多数僧人也不认识敷具、钵盂等沙门的资具，至于上衣、五衣，小幅（袈裟的条幅）、缀片（袈裟上缀片）等名称，耳中也未曾听说等情况，今日已不复见。现今西藏直至克什米尔和汉地之间，一切方隅都能见清净的沙门之相和服装，对于戒除饮酒和午后食、接受施物，取净水和守护夜不多眠等下至细戒律，都能郑重行持，成为沙门相符的净行。这些若不是从我等之具德师尊宗喀巴大师的恩德而来，能从依靠任何他人而来吗?！当详思为祷!”

如是三位法主为佛教广做事业，解制①结束后，至尊仁达瓦起程去了后藏。宗喀巴大师同法主大译师二人来到了热振寺，于狮子崖下隐居。在法主大译师郊却班桑布和堪钦·岁浦贡觉班桑（热振寺大堪布·宝祥贤）二位的殷重劝请和启请下，宗喀巴大师开始写作详广宣说以佛经之集要、二位大乘师之轨道和三种士夫修持之圆满无误的一切次第等之门，引导诸有缘化机，趋赴佛土之理的《菩提道次第广论》。彼时，大师在著名的阿底峡歪头像前祈祷，故而亲见了从能仁王到南喀坚赞②之间噶当派的诸传承上师之圣容，尤其亲见了阿底峡、仲敦巴③、博多瓦和夏惹瓦等的圣容达一月之久，授与了诸多教授和教诫。最后，博多瓦等隐没于阿底峡身中，于是阿底峡尊者置手于大师头顶讲道：“汝当于佛教广做事业，证成菩提。我愿作你成为利生事业的助伴。”云云言后便消逝不见等出现了许多稀有的征象。此后，大师便在热振寺阿练若狮子崖下写完了菩提道次第寂止以上的篇章。此后在大师想纵然著出“胜观”篇章，对他人恐难有饶益，意愿遂减时，文殊菩萨的语相讲道：“务必要写作，利益亦会有中等。”故又对上师与文殊菩萨无二无别猛厉祈祷。据说大师在

---

① 解制：解夏、随意。毗奈耶十七事中净戒三事之一。比丘夏令安居时节，应当制止白念堕犯、惩治、分财及界外过夜等事，及至此日，即可解禁自恣，故名解制。此分为及时解制、非时解制和会众解制三种。

② 南喀坚赞：即洛扎大成就者南喀坚赞。

③ 仲敦巴：噶当派开宗祖师杰瓦穷乃的别号。

观察空性时，《般若经》中的二十空性[①]之诸注疏偈句即密布于面前虚空的银字之相和纸面上所写之相的印象，随着轮番观察而全出现。此后便写完了“胜观”广述的论著。此后来到了勒浦关沙寺[②]，为众多聪慧的三藏法师，做了菩提道次第的讲授和《释量论》等的讲说。大师从理论法则上引述《释量论》的一切主要所诠，将文义编成道次后，再结合上修持法，做了详广的讲解等恩赐了昔往藏地前所未闻的善说厚礼。对此，克珠·唐吉钦巴讲道：“往昔在雪山丛中（西藏）揣测因明的句义，或消除外界见闻之疑时，认为因明论典较其他论典看来，仅有能使才智趋向略微提高的需要而已，就连猜测此论（因明）为修行所需要的人也没有，大都认为不是根本之义，仅能生起那样的一些才智而已。现在具智而且正直的人们能认为此论（因明）为开示修行的卓越论典，也是完全依靠宗喀巴大师的慈悲而得来的。仅以此恩来说，也是雪域西藏所有人士难以报答的啊！”

此后，大师来到了沃卡绛巴林寺，又为众多追求者做了“道次第”和生起次第圆满次第的讲授。彼时师徒诸人于十分谨严的闭关中，精勤专修本尊时，圣尊文殊的语相劝励道：“应为龙树菩萨的《建立次第》造释，有大利益。”故而遂即收集材资，投入写作，很快完成，并为诸追求者做了详广的解说。在此期间，经大译师郊却班桑和京俄·索南桑布[③]等诸多知识的一致劝请，大师造了四续部道体圆满又辨别一切密要的大论《密宗道次第论》，为诸多具法器的持明弟子会众，大转了大密金刚乘的法轮。

---

① 二十空性：十六空性上再加有法空、无法空、自法空和他法空四者，共为二十空。

② 勒浦关沙寺：在拉萨市附近。

③ 京俄·索南桑布：（1380—1416）。为帕竹丹萨提寺第十一任座主兼摄政务。

大师于年五十一岁春季来到了吉雪，承诺在色拉却顶[①]夏居。彼时克珠·格来班桑布初次参见大师，敬献了至尊仁达瓦的作为引荐的礼品，大师甚喜应诺，摄受为上首弟子。大师于此处为属于闭关精修内的一些具法器的弟子广讲了《密集五次第》和母续《圆满次第》的诸法类。又应众多追求者的请求，大师应诺著作《中观根本智论广释》后，便详细分析了该论的诸正理之细微要义，故对某些细微正理颇感有少许疑问难解，遂向上师与文殊菩萨猛厉祈祷，故于某时《般若经》中的二十空性的诸疏释偈句，写成纯金文字之相便明光闪亮，充满虚空之所见，再再出现，所以，从此对《中观根本智论》的诸细微正理的所有疑难，悉皆不劳而获得解决，彻底完成了《中观根本智论大疏》的写作。此时，大师已成人世间全体佛教之唯一主人，故而美誉传遍了南瞻部洲的一切地方，因此，转轮王汉地大皇帝明成祖便对大师尤生敬信，遂派天使携带诏书，迎请大师来京。但是，大师看到若赴汉地，所破甚多，但意义甚小，便以巧法，未从应召，派遣了代表大慈法王释迦也失（释迦智）[②]，以满足人主圣愿。彼时，噶、觉、岁三寺院的座主和塘萨巴寺[③]的卸任座主等三藏法师六百余人聚会，大师为他们广做了《中观根本智论大疏》《释了不了义论》《四百论》《菩提道次第广论》《密宗道次第广论》《根本堕罪疏》和《事师五十颂》等的讲解和教授，如是于色拉却顶的两年多中大转了法轮。应首领扎巴坚赞[④]

---

① 色拉却顶：在拉萨北郊。当时为一小庙，后来才建成色拉寺。

② 释迦也失：释迦智（1352—1435）。宗喀巴弟子，格鲁派兴起时期的重要人物。公元1409年即明成祖永乐七年代替宗喀巴大师应召赴北京。1414年，第二次入朝，次年受封大国师。1419年倡建色拉寺。1434年，宣宗宣德九年，受封大慈法王。留北京时，驻嵩祝寺的东寺，当时为法渊寺。1435年卒于返藏途中。

③ 塘萨巴寺：在拉萨北面彭域境内。

④ 首领扎巴坚赞：是帕木竹巴的第斯第五代（1374—1432）。是当时的政教最高领袖，明洪武时封为灌顶国师阐化王。明史作“吉剌思巴坚赞”。

之劝请，大师来到了吉雪的仲补隆①，为前来侍奉大师的善知识五百余人，以及从各地来此的比丘千余人，广讲了《菩提道次第广论》和《胜乐》等母续甚深二次第建立的法类。此后便在拉萨，为创建誓愿大法会，做种种资具的准备，培修了羊土神变寺的诸佛像和佛塔，为诸佛像周全地制作了美衣、法幢和飞幔等不可思议的各种供品。

大师年五十三岁，从藏历第七饶迥之土牛年（己丑年公元1409年）正月初一到十五之间，正式举行了大神变定期法会的供养②。彼时会集了从各地前来参加的比丘约八千余人。正月初一那一天，由大师亲自主持供养，向觉沃释迦牟尼像，虔诚地敬献了宝石纯金头饰和镶嵌各种珠宝的金飘带。向觉沃不动金刚像和十一面大悲观音菩萨像，敬献了精制的白银头饰等不可思议的善妙供云等，悉皆布为虚空藏的自性，并以显密经典中所讲的清净仪轨，完满供养，使十方一切佛与佛子皆大欢喜。这种敬奉供养，亲自主持之情，亦如《大师秘传》中所讲：

拉萨神变大节目，
设供吉祥百庄严，
加持供品为大乐，
十方佛与佛子喜。

又讲道：

---

① 仲补隆：在拉萨附近。

② 大神变定期法会：神变即神变月，是藏历正月。传说过去释迦牟尼在此月中曾显示神通变化，降伏六大外道，故有此称。1049年藏历正月，宗喀巴大师为了纪念释迦佛，曾在拉萨大昭寺内兴创了一个发愿祈祷的大会，以后形成制度，每年定期举行这样的宗教大活动一次，即俗话说的传召大会。

十方所住佛佛子
迎为清净誓愿证，
吾以各方如来佛，
身之庄严敬供养。

特别是大师以全为佛教众生利益而想的猛厉发心，天天都发着愿以一切方式，使利乐之源——佛之显密教法大宝于一切地方得以昌隆久住和由此神力，使全世间不断获得广大的吉祥如意，一切有情速得解脱与遍智果位的真诚宏愿，并且每天还向比丘与士夫的一切会众，就上师巴沃[1]所著的《本生》进行了一个法座的讲说等对此饶益佛教众生的无上善行，被公许为大师四大事业之一的拉萨誓愿大法会。从初二至十五之间，由人主扎巴坚赞和本·南喀桑布叔侄等担任供养和承事的施主，以不可思议的供物，进行了供养，并为比丘做了圆满的承事。此外，还有敬献信受和供养者甚多，故于一十六天中天天都为经院内的上万比丘做了盛大的承事，将一切众生所积的广大福德资粮之善业果报悉皆亲自筑成了无尽的大藏蕴。在此前后的数年中，投到大师门下作服侍的眷属和弟子逐年增多，故而大师稍显心烦之情，欲安住一静寺之愿便经常生起，因此，各位弟子和施主们亦多次启白说，愿献一座旧寺院和提供修建新寺的顺缘，但是，大师的心愿，是如至尊秘密主所做的授记：

将于旺古山近处，
后妃岗峦正面方，

① 巴沃：即巴沃·祖拉程瓦（1504—1566）。噶举派僧人，噶玛巴八世不动金刚之高足，噶玛派乃囊寺活佛。名著《贤者喜宴》1564年出自他手。

聚集无量众比丘，
此山为何文殊说：
卫藏多康和汉地、
清净供田积资处，
阿里北地皈依处，
村落寺院广十方。

大师见到于旺古山下之卓日沃齐处修建寺院的时机已到后，故当传召刚一结束，大师便马上起程，前往卓日沃齐山，在彼处亲自给土地做了加持等。此后，大师又来到色拉却顶，为三藏法师六百余人广讲了《中观根本智论》《菩萨地戒品》《修法普贤》和《道次第》等诸多显密法。当时，后来的上首弟子上师噶久巴·塔玛仁钦[①]和堆瓦增巴[②]二位为首，大部分随从弟子来到卓日沃齐山，遵照大师之命令，开工修建甘丹朗巴林（妙善尊胜洲寺）。此亦按照《律经》中所讲，首先察看了基地，察看后，通告了僧众。此后，由诸僧伽发布开工、委任工头、决定奠定基石的净厨[③]和不逾标准地砌建房舍等的实施，一律正确进行，故而极大地显扬了律法大宝。大师于沃卡桑丹林寺闭关精修，无颠倒地抉择了关于吉祥密集五次第的体性、程序和定数等各个的事项，特别抉择了第三次第幻身修法的不共枢要——圣者师徒经论中所讲的诸义，发心欲造《吉祥密集圆满次第五次第》的大疏《五次第明灯论》。在起草时得一最极奇异的梦兆，即拼合成大师以文字所组连的偈句，其内容即如后来克珠·唐吉钦巴所圆满解释的那样。藏历虎年（1410 年）二月初五，大师回到

① 噶久巴·塔码仁钦：即杰曹·塔玛仁钦。
② 堆瓦增巴：即扎巴坚赞。
③ 净橱：香积厨。僧众食物依戒律可以存放一日的房间。

卓日沃齐甘丹尊胜洲寺，举行了隆重的开光仪轨，并为诸三藏法师广做了《道次第》《大乘阿毗达磨集论》《瑜伽师地论》《密集明炬论》和《五次第论》等许多重要显密经典的解说。《五次第明灯论》等诸经论亦圆满完成了写作。如是于此殊胜寺院中，大师坚实地建立了显密圆满的佛教大宝基础，由此殊胜缘起的法力，使执持圣贤宗喀巴大师宗规者遍布了南赡部洲的一切地方，那名为吉祥无匹山居噶丹派的盛名硕大的天鼓鼓响于一切方位之域等，事实诚然如此。关于此寺的名称，公许为甘丹寺，在大成就者羯摩金刚的授记中讲道："因寺院之名有缘起之音义，所以，是表示汝将从此前往甘丹弥勒前，安住于彼刹土。因此，寺名若也引为兜率而起，便有如汝安住之缘起。"如此所讲，便命名为甘丹尊胜洲寺。又有一种说法是大师早先临近初次会见堪钦却多瓦时，曾有本尊对堪钦授记说："弥勒菩萨正在光临，明日应向弥勒请教《集学论》。"以及大师讲说《集学论》时，堪钦真见大师为至尊弥勒菩萨，即由于大师与慈尊体性无别，所以将大师的寺院也命名谓至尊弥勒刹土的正名甘丹（兜率天），此为诸先师所讲。

大师年五十八岁时应人主扎巴坚赞的启请，承诺去温的扎喜多喀[①]坐夏。彼时，唐吉钦巴·根顿珠班桑布（一切智·僧成吉祥贤）[②] 亦初次拜于大师足下，大师甚喜，摄受其为上首弟子，并向数百位三藏法师广做了《菩提道次第广论》《中论》《量论》和《入行论》等的讲说。彼时，当一塑像师变化的补特伽罗一天以神通造出七尊大师身像时，大师亦以神通，于那一天内剃发七次，将剃下的每一发全部装入像中，故成了加持藏。相传

① 扎喜多喀：在温河以东。

② 根顿珠班桑布：《1391—1474》。宗喀巴大弟子。明正统十二年《1447》倡建扎什伦布寺。后人追认为第一世达赖喇嘛。

那尊公许为尊者扎喜多喀玛的显灵佛像亦出于彼时。从此大师返回了甘丹寺，造了《胜乐卢伊巴大疏》和《圆满次第四瑜伽》的讲义与修法等，特别著作了包括《密集根本续》的注释、《月灯经》的批注、抉择各个品之总体难点的《辨析宝苗》和观察各个要义辨别的《略义》等的有名的《四家合注》，详广地做了密续的解说，因此，佛教的心要——大密金刚乘的究竟要义，有如过去未发掘的地下宝藏，这才取了出来，而得充分显扬。其无垢的讲规传统，时至如今亦盛行不衰，这种别的宗派所无的密续讲闻之规，就是噶丹派的无匹传统风规。在此期间的某时，大师讲道："修供等若于大殿进行，诸未得灌顶者得见曼陀罗的妨碍仍大。是故，密乘的修供显然必须于另外静室中进行。"于是在藏历木羊年（公元 1415 年）奠基修建杨巴建殿①，经堂、回廊和后殿等便于火猴年（1416）圆满建成。该殿内有诸佛像天然而成的密集、胜乐和金刚界佛等三本尊的立体坛城和用优质金铜材料铸造的金刚大威德等众多本尊身像。当时以吉祥大威德之门开光的仪轨，全以密续所讲的清净实行程式，将全部加行、正行和结行等进行得隆重圆满。彼时，亲见一座充满虚空的金刚大威德坛城从四方升起，融入新造的诸像等出现了智慧、坛城连同诸所依能依等真正进入誓言本尊的出乎想象的奇异吉兆。对此情景，被公许为宗喀巴大师四大事业之一的甘丹大修供。

彼时，遵照至尊文殊菩萨的语旨策励，大师造了诸根识低劣的化机心中容易掌握了悟的《菩提道次第略论》并为上下各方的数百位三藏法师和当地的比丘们，最极详广地做了《密集五次第导释》《五次第明灯论》及其旁注和《吉祥胜乐根本续》等的解释，以及《六支加行》的指导和《时轮无垢光大疏》等的

① 扬巴建殿：甘丹寺一著名佛殿名。梵音毗舍厘。汉义广严城。

讲解。此外，还广转了《中论》《量论》和《道次第》等全部显密的深广法轮，将诸有缘化机安置于成熟解脱之道。彼时也完成了《胜乐续释·隐义明镜》的著作。在这些年的前后，身体稍现病状，故于此等之时，六臂护法、四面护法和多闻子等现身的感觉经常出现。大师说："六臂护法，自从过去于色拉却顶亲见其容以来，始终聚而不离。"护法神羯摩阎罗王和护国药叉二位亦随时随地住如仆从，遵命而行。特别是自从大师最初进行文殊菩萨的念修以来，这位羯摩阎罗王就经常出现为如其自己身相，有时还变成大师的任一侍从之色，于寝室中走来走去和在大师近前等处效力做诸事，并作附耳低语请示的诸多行相。其他诸随从皆对这种变成任一之色迷惑不解，这是大师所讲。不仅如此，大师的随从弟子，尤其是由衷地恭敬大师的一切人亦皆说："羯摩阎罗王永远聚而不离，如身影相随地承诺疾速成办所委之诸业。"

年六十三岁藏历土猪年（己亥年 1419 年），大师从所居甘丹寺起程，来到拉萨后，以向两尊觉沃释迦牟尼像为主的全部佛像敬献隆重的供施等清净的心愿，做了结合而去了堆龙温泉。当从此处前往哲蚌寺时，一道五色彩虹直射入抬迎大师的轿子之端。大师为住于哲蚌寺内的善知识三藏法师二千余人广做了《道次第》《那若六法》《入中论》和《密集根本续》等的讲授。当时出现了五色彩虹如立柱似地从天空刺入法台等许多奇异征相。昔往虽有从不向任何城乡男女做类似的讲解以及《道次第》的讲解亦不准于会众中进行等的禁令。然而，此时出于特殊的用意，不论城乡男女来多少、早晚何时而来，甚至对一切许多乞丐的集会也全无区别地放开进行《道次第》和《中论》的讲解，将其当作获得无量听闻功德的善缘者。在广转如是法轮中，过去除了《时轮》外，对密续从未有过中断章节之例，然而，此时在讲到《密集根本续》的第九品时，却要中断讲法，不论诸施主如何恳求也不应允，说道："现在迅速起身，对大家都好。中断讲说密续和《道次第》中想法昨天已讲过。"便中止了讲法。此亦是念起安置诸众生于双运道的功业，直至轮回不尽而不断宣示的征相或预兆和显密的讲说法流还未完毕而久住的殊胜缘起等而讲的。彼时，大师为哲蚌寺的密宗堂开了光。在迎请智尊时，大地震动，大家都听到了巨大的声响，故而智尊真正融入了誓言本尊。还隆重进行了吩咐久住与护法、任命施主和息、增的火供等全如续经所讲的仪则。此后，应降钦却吉·释迦也失的迎请，大师来到色拉却顶，常有想于此处创建一个续部的净清讲闻基地的心愿，故向法主释迦也失做了教诲和指示，即做了建立一座在根本《律经》的清净戒律的基础上专门讲闻《吉祥密集》和《胜乐根本续》的清净经院的指令和委任却本[①]等事。为了特意安排殊胜的缘起，师徒们于此处举行了布萨[②]。大师从二部密续王经之开首起，各讲了一座的法。彼时，经院中学徒聚集之多，犹如须弥山。在此海会中当大师发出一二次有谁能住持密续讲规的提问时，别的智者都不敢站起，唯有尊者协饶森格（慧狮子）敬礼禀道："此事由我来做"，接受了大师之命，因此，大师极喜授与了一尊殊胜的密集金刚金身和《四家合注》的经函，授权其为密续的讲闻师。此后，大师返回了大丛林甘丹尊胜洲寺。应为在大雄宝殿的僧众集会献斋僧茶供养的施主之迎请，大师来临会中，广做了极乐世界的祈祷，并在此比丘海会中发了隆重的吉祥祝福等圆满安排当前与最终的广大缘起的清净誓愿后，返回了寝舍。从此日夜间起，现示了身体稍有病状。当尊者持律上首

① 却本：指主办法事的僧官。寺院内主持法事者。

② 布萨：说戒，长净。月中定期比丘、沙弥集众对说忏悔犯罪；在家徒众受行斋戒、住净戒中，长善净恶的一种宗教仪轨。

和杰曹法主二位住于大师身边的一个时候，大师以手指摄住所戴的一顶通人冠[①]的顶尖，远远地抛到了杰曹法主怀中，同时还给了一件半圆形披风。讲道：“应当领悟此义。尔等当修菩提心。”讲了最后的语旨。这实际上是授权为法太子[②]的表示。当十月二十五日凌晨太阳刚一升起，三空逐次隐没，故而现起了胜义谛一切空光明法身。

这位如是大师在所化共同的心目中，如前面所讲，若行发挥作用的任一三行，于此生无疑是能证得双运金刚持位。但是，大师念起诸随行弟子若不主要守持佛教之根本别解脱戒律，佛教则不久住后，就未行此等行，而代替此行的是示现了涅槃之情。在此时，由于三空次第隐没，故而一心住于基位光明与道位光明和合的三摩地，出此定后，便证得了由极细微的五彩光息所成的中有具足和合七支[③]的圆满报身——双运金刚持之果位。此后，亦如《金光明经》中所讲：

不可思议薄伽梵，
如来恒常永固身，
全为饶益有情故，
示现种种庄严相。

以及如《究竟一乘宝性论》中所讲：

于诸全然不净土，

① 通人冠：佛教学者专用的一种帽型，帽顶尖长，左右有飘带。

② 法太子：补处。绍继如来讲演佛法者。

③ 和合七支：如来报身自性所具七支：受用圆满支、和合支、大乐支、无自性支、大慧遍满支、利生无间支和永住无灭支。

示现乃至世间住。

又于兜率天悦意持法的刹土名，是名谓菩萨妙吉祥藏，于无边的净与不净刹土以无量的变化游戏，直至虚空存在，不断地成办着无边众生之当前和最终的利益。总之，文殊怙主佛王

广闻经教断增益，
离过三律调自心，
教证二轮弘教法，
师是持教者顶严。

如此所讲，大师对于诸佛经及其注释，以及二位大乘师等诸如日月的天竺班智达和得道者的一切论典，不是仅取大概和一分，而是对全部文义与一切细而又细的要义，以断除增益的方式进行了透彻的闻习；以讲说、辩论、著作以及博学、净行、利人等之门，于一切贤哲的顶冠上美饰以趾甲花纹；以实修所闻之诸义，将从《律经》开头的偈颂至《吉祥密集》的一切显密经论之意趣，汇归为一个补特伽罗成佛之要道和种种分支，依于如是的门理，将一切经义皆现为教授；凭依对如是所现的圆满道体经常精勤证成的实修，真正如实理解了能无余连根拔除那种将总的道悟，尤其将真实义疑为他边的增益的真实义——圣者师徒的宗旨，并于心中生起了密宗金刚乘二次第的殊胜证悟后，变成了唯将佛教与众生的事业记于心中的佛子伟大志气之依他，于此雪域之境中，当佛教只剩影像之时，在此北方一带，连根拔除了对佛祖世尊之佛教大宝不悟和邪分别的一切恶垢，以一切方式，从根本上复兴了最极清净的大风规，使已衰者得以恢复，使未衰者得以光大等，如此功业周遍了西起郁金花盛开的克什米尔，东抵织

丝成衣之汉地的整片疆域，以及于此佛教被合理公许为佛陀第二的卓越的伟大善事，即对这种安住于世间大地的圣众亦难计量的事迹，是应当敬尊合十而忠心奋力启白说：“圣尊上师竟如是做实修，愿我欲求解脱者亦能如是而修。”如是克珠·唐吉钦巴讲道：

为罢诤时圆劫来，
尔时群山环绕域，
遍布三学胜利幢，
末时善说密亲友，
能仁教日胜三域，
任何发光众生师，
同汝光明余无有。

文间偈颂

智库幻舞游戏中，金黄光纹移地美，
大地庄严是佛教，末劫众生福运盛。

发心乳海涌末劫，善事千月笑颜开，
功业白光照四洲，名称三界美耳饰。

精勤听闻铁钩利，取诸所知珍宝库，
荡成一泓智慧海，慧海深广谁能测。

出离润湿的田地，戒律新苗根坚实，
意乐穗担重下垂，美德药苗末劫熟。

披挂不动定坚甲，无误正见箭锋利，
沉醉乐空胜瑜伽，高登双运宝座位。

为佛教做佛事业，噶丹教规佛教粹，
千万光波金色日，升为有情利乐福。

师德高逾须弥天，雪山微尘盛气怯，
名称幡飞三有顶，赞乐高奏千万处。

第二节　诸持教法嗣弘扬宗喀巴大师无垢正宗之情

总的来讲，听闻宗喀巴大师之语而证道的弟子，皆是严守三种律仪，勤修三士道与二次第瑜伽，并以讲闻三藏四续部之解说和证成与实修的方式，将能仁之显密佛教精华无垢的噶丹妙规弘扬于太阳边际的亲教弟子和传承弟子。他们如虚空繁星，出现之多，不可计量。现只举出其中一二主要者如下：

萨迦派的大尊者仁达瓦、喇嘛邬玛巴和大堪布切多哇（金刚手南喀坚赞）等为互相听受法缘的三师，此中土观大师[①]算上了堪钦却效桑布，故为四师。

查柯·阿旺扎巴（语自在名称）等四人为大师未舍世俗事务前的早期四弟子[②]。

---

① 土观大师：即第三世土观活佛洛桑却吉尼玛。青海佑宁寺（衮隆寺）活佛。1801年著有宗派史《论说晶鉴》。

② 未舍世俗事务前的四弟子：另外三弟子是：多麦巴·扎巴协饶、洞敦·俺那室利和格西霞敦。

降嘎哇（本名叫降白却桑）等四位前藏人和尊者朵丹巴（即降白嘉错）等四位康区人等为舍离世俗事务时的八位清净眷属①。

甲曹·达玛仁钦和都瓦增巴（律师）扎巴坚赞为二大上首弟子。

内心传弟子一人，是克珠·唐吉钦巴。

绛央却杰·扎喜白丹②（妙音法主·瑞吉祥）、无四法主贡汝·坚赞班桑布（胜幢吉祥贤）、尊者协饶森格、唐吉钦巴·更顿珠班桑布等为功业宏大等同虚空的四大弟子。

法主·衮乔楚程（宝戒）③ 等十师为卫藏十教炬④。

菩萨释迦索南（释迦福）等六师为任运成就他利的六菩萨⑤。

大慈法王释迦也失和绛达玛二师为人主顶严的二帝师。

玛基土官·南喀白⑥和亚郊土官·索南朗杰⑦为广大博闻的二贤侄。

夏鲁巴·扎西嘉错（吉祥海）和夏鲁巴·勒巴坚赞（妙幢）⑧ 为住持修德的大小二顶髻。

谟色巴·洛追仁钦⑨和象雄巴·却旺扎巴（法自在称）为智

① 八位清净眷属：前藏的另三位是：上座桑炯瓦、上座仁钦坚赞和上座绛僧。康区的另三位是：格西协饶扎、格西降白扎西和格西白炯瓦。

② 绛央却杰·扎喜白丹（1379—1449）：他于公元1415年建哲蚌寺。

③ 衮乔楚程：他当时任桑浦寺堪布。

④ 十教炬：另外九位是涅敦·仁钦桑珠、智慧自在扎巴桑布、桑浦瓦·杰旺喀齐、聂钦·协饶坚赞、霍敦·南喀白、却吉·洛追却炯、跋苏·却季坚赞、法王白丹僧格、纳塘巴·饶乔。

⑤ 六菩萨：另外五位是菩萨衮噶桑布、菩萨德莫塘巴·洛追坚赞、菩萨楚程白桑、菩萨循努杰乔、菩萨坚赞扎桑。

⑥ 玛基土官·南喀白：是宗喀巴大师之侄，也是他的弟子。

⑦ 亚郊土官·索南朗杰：此人是宗喀巴大师之侄，也是他的弟子。

⑧ 夏鲁巴·勒巴坚赞：曾继克珠杰后任甘丹赤巴第四任。

⑨ 谟色巴·洛追仁钦：即绛央却杰的弟子，属哲蚌寺座主传承系统。

慧殊胜的二智者。

堆协桑（上部慧贤）[1] 和麦协桑（下部慧贤）[2] 等六师为护持佛教于边地的六大旗手[3]。

桂译师循努班[4]和达隆译师为通晓二语的二译师。

法主班丹桑布[5]等六师为六地方首领兼法主[6]。

法王协炯巴（智生）等八师为博通经论的八掌教师[7]。

多麦巴·维赛和绒钦·加纳巴[8]等四师为多绒四智者[9]。

法主门朗塔耶（愿无边）和日米鲍巴·索南仁钦（福宝）为二奇士。

哲新大师绛秋班瓦（菩提祥）和仁钦班瓦（宝祥）为修成空行的二子嗣。

京俄·罗追坚赞（慧幢）等八师为八京俄[10]。

贡塘巴法主·孜巴班（庄严祥）等四师为庄严法座的四上师[11]。

---

① 堆协桑：堆，指上部阿里。本名全称是协饶桑布。他在阿里建达摩等寺，皆宏宗喀巴大师教法。

② 麦协桑：麦，指下部多麦。本名全称协饶桑布。他在多康建昌都寺，首宏宗喀巴大师教法。

③ 六大旗手：另外四位是吉格·阿旺扎巴、洛巴·坚赞森格、喇嘛白丹协饶和喇嘛云丹白瓦。

④ 桂译师循努班：本名耶桑孜瓦（1392—1481）。即著名藏文史籍《青史》的作者。

⑤ 班丹桑布：他是噶举派帕木竹巴僧人，曾任丹萨提寺京俄第十任。

⑥ 六地方首领兼法主：另外五位是：仁布齐·索南桑布、仁布齐·降曲多吉、仁布齐·索南坚赞或名聂尼巴、止贡·顿珠杰布和达隆·扎西白畏。

⑦ 八掌教师：另外七位是杰瓦·仁钦桑珠、绛林巴·扎巴仁钦、阿里巴·索南仁钦、绛班仰·仁钦坚赞、谷格巴·松吉坚赞、绛仰·仁钦扎巴和佛子德炯。

⑧ 绒钦·加纳巴：他 1411 年到安多，1412 年在察柯修建了噶玛拉日寺。

⑨ 多绒四智者：另外二位是多麦巴·勒桑和多麦巴·协饶。

⑩ 八京俄：另外七位是京俄·衮噶罗朱、京俄·循努畏，京俄·白桑瓦，京俄·南喀坚赞、京俄·索南伦珠、京俄·仁钦坚赞和京俄·仁钦培瓦。

⑪ 庄严法座的四上师：另外三位是宁布·释迦坚赞、达浦同师白丹顿珠和德乌热瓦·却结白。

大堪布却杰班桑（法王祥贤）等四师为教管僧众的四堪布[①]。

士绅扎巴桑布（称贤）等五人为民寺五士绅[②]。

丹萨提寺传法令者降央喀齐和止贡传法令者扎西仁钦二人为大寺院的二位传法令者。

噶久巴·达玛桑布（十难论师·盛贤）等四师为讲说教理的四位十难论师[③]。

提穹噶希巴·顿悦（四难论师·不空）等十师为解持文义的十位四难论师[④]。

觉丹·达瓦罗追（月慧）等四人为传持戒律的四觉丹[⑤]。

上座却桑（法贤）等六人为戒律清净的六上座[⑥]。

古觉朵丹巴·桑结白瓦（得道者·佛祥贤）等五人为拼命此生的五位朵丹巴[⑦]等。这些首要弟子之类，是根据尊者索朗扎巴所著的《新旧噶当宗教史》、尊者吉美旺布所著的《丹珠尔目录》和《土观宗派源流》等所讲而录写的。此外，《宗喀巴传一百零八稀有史事》和《噶丹教法史》等中所多讲的那些，这里

---

① 教管僧众的四堪布：另外三位是觉摩隆大堪布·法主扎西白、大堪布·衮噶多吉和京耶堪布·衮却白瓦。

② 民寺五士绅：另外四位是士绅达布·维安僧格、士绅朱白、士绅衮噶坚赞和士绅扎西坚赞。

③ 四位十难论师：另外三位是鲍斯十难论师、左杂十难论师·云丹坚赞和鲁拉十难论师·勒巴白。

④ 十位四难论师：另外九位是扎衮四难论师·仁钦白、甲瓦四难论师·仁钦却杰、吉热四难论师·桑结旺秋、达浦四难论师·桑结桑布、雅德四难论师·索南桑布、卓萨四难论师、楚浦巴四难论师、却僧四难论师和扎巴坚赞四难论师。

⑤ 四觉丹：另外三位是觉丹·索南论珠、觉丹·勒仁巴和工布觉丹。“觉丹”，指传授戒律的戒师。

⑥ 六上座：另外五位是上座甲顶巴·顿珠白、上座甲玛瓦·根顿杰布、上座维赛扎西、上座循努桑结和上座敦噶邦。

⑦ 五朵丹巴：另外四位是朵丹·南喀肖日、贵楚法主·扎巴炯乃、朵丹·热希巴和布勒瓦·南喀坚赞。“朵丹巴”，义为证士，得道者。

恐文太繁，故不录写。如是学问通达、德行高妙皆具的诸弟子如何弘扬大师教法的详广情况，皆于各自的传记等中有极清楚的记述，故不拟于此诠说，只将一二位首要弟子为佛教做事业的情况做一概述。

杰曹·达玛仁钦，于藏历第六饶迥之木龙年（公元1364、元至正二十四年）生于后藏年堆地方的日囊。年十岁上，于大丛林勒宁寺①先从大堪布仁钦坚赞出家，受沙弥戒，赐法号谓达玛仁钦。

后从大德日囊巴·仁钦多吉、岗金·贡噶班瓦、蚕玛扎卡巴·顿珠仁钦、噶希巴·罗追桑布等，彻底学习了五部大论，尤其是接足顶礼至尊仁达瓦大师、大译师却郊班桑和香巴·贡噶瓦等，学习了显密经典，特别完满地学习了《密集》等诸经论，成为达到自他宗派大海彼岸的大德。年二十九岁上，于后藏由堆朵霍巴，贡噶班瓦任亲教师，至尊仁达瓦任业轨范师，法主岗金·贡噶班瓦任屏教师，于二十二位净信的僧伽中净受了比丘戒。此后，便于萨迦、桑浦和泽当等寺中进行了噶久②的游学辩经，以善说使智者悉皆倾倒，以正理使大家满意，善巧辩经的美名传遍了卫藏一切地方，故而尊者仁达瓦亦以“最善辩论者是达玛仁钦”而大加赞美。于泽当寺游学辩经结束后，闻得宗喀巴大师的贤哲盛名，欲想与当时住于涅·饶村（于山南隆子县）的宗喀巴大师辩经。当来此参见时，就为大师的不可思议的身语意功德，尤其为法四依③的解说所倾倒，生起了无量信仰，故而接足顶礼了大师，一心启白。大师亦视其为宝贝化机，以爱怜之

① 勒宁寺：在后藏江孜县境内。

② 噶久：十难。指格鲁派必修的《五部大论》及其注释，共十部。

③ 法四依：学道时应当选取或依从的四事：依法不依人、依义不依语、依智不依识和依了义不依不了义经。

心，摄受为徒众之首。又有一种说法，说是彼时此师与藏地大智者绒敦·玛畏森格（语狮子）辩经，获得全胜，故又想以获胜者的姿态，与在涅堆饶村的宗喀巴大师发起辩论而来到大师前，却不脱顶冠而走进讲经院。宗喀巴大师一见此情便从正在说法的座上走下来，坐于下面。此时，此师以傲慢逞能之态，戴着帽登上大师的说法座，听闻宗喀巴大师讲说佛法，结果全被过去未从其他智者口中听过的善说灌满了双耳，故而骄傲之山，自然倒塌。他慌忙脱掉帽子，走下法台，躬身行礼后，来到诸弟子之中。将当时来到宗喀巴大师法座，讲成是后来登上寺院第一任法台特意安排的祥瑞吉兆。尤其是听闻了当时宗喀巴大师所作的令人倾倒的法四依的解说，所以生起了无量胜解，再三顶足敬礼，声泪俱下地发出祈请今后慈悲摄受的信仰吼声，故而大师欣然应诺，悲怜摄受。从此便始终不离地住于众徒之首。后来当大师将近逝往他刹土时，付与了半圆形大氅和通人冠，讲道："应当通晓此义。"遵此所讲，于年六十五岁藏历土亥年（公元1419）由于都增仁钦（即律师扎巴坚赞）和上座仁钦坚赞为首的诸比丘一致启请，于寺中庄严地继升了大雄狮子宝座，被授权为第二佛陀的正补处。彼时，克珠·唐吉钦巴著了《吉祥功德赞》，一切智·更敦珠也寄了回文诗《希道》，撒出了赞美妙花。此师主要驻场于此大丛林，为上千名居家和外出的三藏法师做了诸大经论的讲说，特别详广地做了《释量论》的解说等，讲经修道的讲闻进行了十三年之久，奠定了山居噶丹派教法大宝的基础，圆满了宗喀巴大师的心愿。有时也去沃卡和勒宁等寺，大转了法轮。克珠大师继任赤巴以后，此师便于寂静处杰康孜（天王堂）专心精进甚深的修证。听闻宗喀巴之语而证道的弟子，大多数也是此师的亲教弟子。不共的弟子，有智者洛追贡（慧怙）、林堆·班森瓦（祥狮子）、林麦·悦江巴（德光明）、阿阇黎·热旦希

（宝祥）、律师扎巴班丹（名称吉祥）、律师桑培（如意）、法主绛林巴（绛巴林寺主）和乃浦·噶久巴等无数的学问通达、德行高妙的弟子。在将近涅槃时，见拉萨布达拉为住于地上的第二色究竟天[①]，便借口次第去往勒宁寺和昂仁寺[②]，来到布达拉后就马上现示身患疾病之状，于年六十八岁藏历水鼠年（公元1432）五月八日圆寂，迎遗体于甘丹寺，留舍利甚多。

克珠·唐吉钦巴，于藏历第六饶迥之木牛年（公元1385，明洪武十八年），诞生在后藏拉堆北部多堆（今萨迦县境内）的一个降瓦官吏之家。由于是忆念克珠·拉旺（贤哲·帝释天）的转世，故被公称为克珠杰。他从大堪布森格坚赞（狮幢）[③]出家，受沙弥戒，赐法号为格勒白桑（贤成善）。此师随从至尊仁达瓦，学习了《因明七论》《上下对法》《慈氏五论》《中观理聚论》和《律经》等，未经多久便彻底精通。从道果师益希班瓦（智祥），圆满听受了《喜金刚》的灌顶和道果的全部与分支。此外又从师尊索朗坚赞（福幢）和那萨瓦（美衣者）等众多善知识，听闻了许多显密正法，获得了不畏讲说广大无边经义的才能，达到了自他诸宗之大海彼岸。此后便于后藏各大寺院游学辩经。当时雪域大智者法主珀东瓦·班钦乔勒朗杰[④]在批驳萨班的《正理宝藏》，于萨迦寺和珀东寺等经院中立宗，任何智者都敌不过他。克珠杰来到昂仁寺时正与珀东班钦来到昂仁寺是同时。由于该寺的自诩为善巧者谁都不能与珀东班钦对答，所以诸

---

① 色究竟天：四禅天之第八层即最上层，五净居天之一。生于此中诸天，已在色界最极胜处。自此以上再无有色，故为有色究竟之天。

② 昂仁寺：在后藏昂仁县内，是兑补巴弟子降巴代万巴修建。

③ 森格坚赞：是当时萨迦寺大堪布。

④ 珀东瓦·班钦乔勒朗杰：珀东是地名，在后藏。该地有埃经院，形成珀东学派。班钦乔勒朗杰（1375—1451）。又名吉美扎巴或却季坚赞。他出身于埃经院，学识极为渊博，尤以辞章之学著称。有《摄真实论》等著作近百卷，在藏族作家中著述最富。他倡建拜摩却顶等数座寺庙，并在其中讲学，创珀东学派，但流传未广。

智者商议，大家一致请克珠大师来对辩。当时此师年仅十六岁，年纪很小。但是，此师毫不畏惧，于广大众中尊处发誓，承诺我敢对辩，便在所有三藏法师的众会中与班钦乔勒朗杰展开了辩论。此师以十万无垢正理反驳，使得班钦乔勒朗杰无言对答。彼时，他们二位所辩论的与众不同、细而又细的正理所弃的界限，全都被在场的诸智者做了记录。此师说："后来在著作《因明七论除阇暗庄严疏》时，将彼时辩论的诸正理都引用于此。"据说珀东·班钦乔勒朗杰亦于彼时敬献了专门赞美克珠大师的颂词《蜜蜂游戏琴》。如是克珠大师从如此年少起，其讲、辩、著作等悉皆精通的善巧美名就传遍了一切地方。此后，由至尊仁达瓦大师任亲教师，法主班觉希饶任业轨范师，涅瓦·罗追丛美（智无匹）任屏教师，于足数的善信僧伽中正受了比丘戒。彼时，遵照至尊仁达瓦的策励，前去参见宗喀巴大师，途中住于聂塘时，梦中亲见文殊菩萨，最后融入了己身。翌日来到色拉却顶时，首先遇到一个贤善温良的比丘，故向他问道：哪是法主洛桑扎巴的寝舍？当时此比丘未做回答，回到佛堂中点了一支长香，举着来到黄色寝舍，马上行了三礼，双手持香，只为解义，才直呼大师的名字说：我的亲教大师洛桑扎巴驻锡的经堂即此，以香指向了彼处。由于看到此比丘全如《律经》所讲的清净行仪和十分恭敬大善知识之情，于是克珠大师便想到宗喀巴大师的诸随从亦皆如此，那大师本人更会是怎样的呢？不禁惊异，毛发竖立，顿生敬畏而胆怯。此后去了寝舍，当一参见宗喀巴大师，便马上被一种前世极深的师徒关系的征兆法力，使心中生起了坚固的信仰，启请摄受。大师问道："汝于途中得何梦境？"于是禀告了在聂塘的所梦。大师又讲道："汝乃密宗之利根化机，汝会对众多所化有大利益。"等做了许多教诲，最后问道："汝将何者奉为本尊。"克珠大师禀告说："正以大威德红黑二尊奉为本尊。”大师教导说：“总之，不论以红黑畏大威德三尊任一奉为本尊，亦皆为至尊所摄受。但是，我的这个传承，为至尊文殊所摄受且加持甚大，故当如是了知。特别应以怖畏金刚为本尊，此中于因果二位时能有至尊圣容亲现，故有殊胜枢要。然而，有些人根本不解此中之枢要。”等，大师以详广的谈论，摄受他为唯一的心传弟子。克珠大师如瓶满灌似地听受了无余语密。后又来到后藏，住持了年堆江热寺座主，故称江热噶久巴。此后与萨珺饶丹帕巴（地方首领善住圣者）互为施主供田，创建了白廓德庆寺[①]的大经院等噶丹派的许多扎仓基地，如群蜂飞往花园似的聚集了众多三藏法师，讲经修道得到很大发展，从而弘扬了噶丹派的教法大宝。彼时，地方首领饶丹帕巴宣布要迎请法王绒钦巴[②]与克珠·唐吉钦巴辩经。克珠大师亦如是承诺。从上下各方的一切大小寺院来了许多讲说经义的大善知识和数百位三藏法师做裁判，开设了辩难道场。当时饶丹帕巴和绒钦却改变了主意，设法拖延。彼时，克珠·唐吉钦巴便以无畏的勇士气魄，讲了如下此等严紧缀成的偈句：

绒地所生释迦者，
却具嗔恨佛教心，
执持辛饶理论幢[③]，
愚人自傲为智者，
若能久住正告汝：
同我一起来答辩；

① 白廓德庆寺：在江孜县境内。

② 绒钦巴：一宁玛派法主名。

③ 辛饶：辛饶祖师。相传与释迦牟尼同时，生于西藏阿里札达县所属的沃莫隆（汉文古史中名为羊同）地方，是西藏原始宗教本波教祖师。

具足诡诈心仙人，
再再口出如谤语，
一旦从彼来此时，
却边畏缩边怖惧，
边犯过失边悔恨，
无依无怙寻庇护，
于此具德月白光，
彼欲伺机黑影者①，
以吾正理金刚杵，
全然摧伏现告汝。

又讲道：

如来教住雪山峦，
十万理论狮发威，
正理爪牙具猛力，
唯我博学狮子王，
以一无垢正理笑，
拔傲论敌千象心，
至喉的威胁除我，
克珠岂有他语狮。

他于此后又来到寂静地当坚山（光华山），精勤修证。彼时，地方首领饶丹帕巴懊悔，又以种种方式发起迎请克珠大师回白廓德庆寺。克珠大师讲道：

① 黑影者：罗睺星的异名。

欲将俐齿具爪力，
守持雪山者狮王，
用链拴后以脏水，
养成家犬智者笑。

全然未与应诺，去了甘丹寺。克珠大师于年四十七岁藏历第七饶迥之铁猪年（公元1431），在大丛林甘丹尊胜洲寺被晋封住持高大宝座，将一切讲闻说修之弘扬光大如上弦明月，尤其将宗喀巴大师的语旨，连细微部分也不掺杂他说地做了明确的讲说。对于他宗作为发起非难大师经典的一切道理，皆以无垢的经教道理做了破斥。特别是顾虑大师的不共讲风传统会断绝后，遂将珍如空行心血般的密乘的诸难点，不惜对众广宣，纵有一切空行责罚，亦不顾生命，心中唯怀佛法大宝，以讲说著述的方式而阐释，如此重恩，实属无匹。如是住持寺院法座历经八年中将文殊怙主洛桑扎巴的教法大宝——全胜一切的胜幢竖立于三有之顶，于藏历土马年（公元1438年，明正统三年）神变月（正月）二十一日，仙逝于空行法宫。享年五十四岁。此师之清净现身感觉，亦再再亲见文殊菩萨、妙音天女、本尊作怖畏金刚、六臂护法和四面护法等。特别在宗喀巴大师圆寂后，此不同的现身感觉，亲见了大师圣容，并再再尝受了语旨甘露等，如是之诸情，全如传记等中所讲。此大师之语生弟子亦有大堪布桑朗乔珠（福胜成）、遍知帕巴畏（圣光）、桑达瓦·乔丹饶觉（具法圆满）、京俄·罗追坚赞（慧幢）、擦科土官·却吉札巴（法称）、法主·顿珠班瓦（义成祥）、绒敦·罗桑扎巴（善慧称）、法主·贡勒巴（遍妙）、扎巴·却杰瓦（声论师·法胜）、上座·却迥瓦（护法）等学行兼优的弟子无数。

此后，第四代甘丹赤巴夏鲁巴·勒巴坚赞，藏历第六饶迥之木兔年（公元1375）出生于后藏。在夏鲁寺出家，依止宗喀巴大师，从新建甘丹寺时起，就任领诵师。年六十四岁于寺中继任住持宝座。在共同的心目中虽不共许为智慧最极广大，然而，实际上是位瑜伽大自在，所以，诸三藏法师对此师越来越尊敬，诸粗鲁的人越来越畏惧，此乃尊者索朗扎巴所讲。后于年七十六岁藏历铁马年（公元1450）二月廿四日圆寂。

第五代甘丹赤巴雅德·罗珠却珺（智慧护法），藏历第七饶迥之土蛇年（公元1389）诞生于雅德[①]。于却隆措巴寺出家，依止三师徒[②]，特别主要依止克珠大师，彻底学习了一切显密经义。于年六十二岁继任住持寺院宝座，主要广做了《时轮大疏释》的讲闻，并著作了《时轮大疏补遗》。藏历水羊年（公元1463）九月十五日圆寂，享年七十五岁。

第六代甘丹赤巴克珠·唐吉钦巴之弟跋苏·却季坚赞（法幢），藏历年七饶迥之水马年（公元1402）诞生于堆（上部）。随从宗喀巴师徒详尽学习了诸显密经义，特别依止自在圣人朵丹·绛白嘉措（得道者，曼殊海），如瓶满灌地饱受了文殊菩萨亲自授与宗喀巴大师的耳传要门——道体圆满的甚深妙道，即以上师天瑜伽的方式、在一个浊世短寿中修成双运的无上方便最极绝密的教授全部噶丹耳传要门。最后，大成就者朵丹·降白嘉措遵照文殊菩萨对自己所做的授记，又赠与了《噶丹变幻经卷》，一时封禁为独传。此外，跋苏·却季坚赞还圆满受学了《时轮》的生圆二次第，内心做了实修，故于心中生起了不共的甚深乐空三摩地。据说诸内部及门弟子亦那样承认。年六十二岁继任寺院

---

① 雅德：在后藏聂拉木县境内。

② 三师徒：指宗喀巴师徒三人，即大师宗喀巴、甲曹·达玛仁钦和克珠·格勒贝桑。

宝座。如是为文殊怙主宗喀巴大师的讲修教法广做事业后，于年七十二岁藏历水蛇年（公元 1473）圆寂。其语生弟子亦有守持宗喀巴大师之殊胜耳传要门的门徒大成就者却季多吉（法金刚）、堆龙·班丹多吉（具德金刚）和康巴·多吉班瓦（金刚祥）等出现了公许为此生成就了双运，并证得长生金刚身之金刚三兄弟等诸多学问通达、德行高妙的上士。

第七代甘丹赤巴法主·罗追丹巴（慧坚）诞生于藏堆[1]，与跋苏·却季坚赞同年。于勒宁寺出家，依止宗喀巴师徒三人，特别依止甲曹·唐吉钦巴学习了佛经，故而成为博闻的大智者。最初在桑浦寺进行讲闻。但是由于一时贪嗔增长，故不欲安住，便于拉堆[2]和沃卡地区进行讲闻。此后去了强孜扎仓，广做了慈氏诸论的大论讲说，并著作了《释量论道序》和《慈氏后四论疏》等。年七十二岁继任寺院宝座。年七十七岁藏历土狗年（公元 1478）于示现奇异的征兆中圆寂。

第八代甘丹赤巴法主门朗班瓦（愿吉祥），藏历第七饶迥之木马年（公元 1414），诞生于耶茹强（右翼北）地方。依止更顿珠为根本经师，精学了一切佛经。从尊者协饶森格大师，学习了《密集续释》等。于泽当寺进行了三十六部经函的立宗辩经，故而智者的盛名传遍了十方。又于藏布洛大经院、扎什伦布寺和上金殿等处，依次进行了讲闻。后又来到前藏，在色拉寺汉僧院、东法相院和迦唐（绘像）院等处，广做了讲闻，并著作了一部《释量论大疏》。年六十七岁继任甘丹寺宝座。翌年又任哲蚌寺座主，故于二寺院讲说了许多显密经典，以讲经修道，善任了座主，于藏历铁猪年（公元 1491）十一月廿二日在拉萨布达

① 藏堆：位于后藏定日县内。
② 拉堆：指后藏定日一带。

拉宫圆寂，享年七十八岁。从甲曹大师到此师以上七人，被称为甘丹宝座后藏七代文殊传承。

此后，第九代甘丹赤巴是赤钦·洛桑尼玛（大法台·慧日），第十代是丹玛·益希桑布（妙智），第十一代是塔钦·洛桑扎巴（善慧名称），第十二代是嘉木漾，希饶勒班罗追（妙音·善智妙慧），第十三代是赤钦·却季协守（法友），第十四代是堆龙巴·仁钦维赛（宝光），第十五代是班钦·索南扎巴（福称），第十六代是迦热·却琼嘉措（护法海），第十七代是木雅·多吉桑布（妙金刚），第十八代是齐日·坚赞桑布（善幢），第十九代是赤钦·阿旺却季扎巴（语自在法称），第二十代是赤钦·却扎桑布（法称善），第二十一代是法主德瓦坚巴·格勒班桑（妙吉祥贤），第二十二代是砻雪根顿·丹巴饶杰（教盛），第二十三代是法主才旦嘉措（长寿海），第二十四代是额噶瓦·强巴嘉措（慈海），第二十五代是赤钦·班觉嘉措（富海），第二十六代是赤钦·当曲班巴（圣教炬），第二十七代是法主释迦仁钦（释迦宝），第二十八代是赤钦·根顿坚赞（比丘幢），第二十九代是卓尼·协宁扎巴（善知名称），第三十代是达隆查巴·罗追坚赞（慧幢），第三十一代是法主当曲班瓦（圣教祥），第三十二代是仲孜·楚程曲培（戒法增），第三十三代是赤钦·扎巴嘉措（名称海），第三十四代是赤钦·阿旺却季坚赞（语自在法幢）。第三十五代是林麦沙布隆·绛央贡郊曲培（曼殊宝法增），此人被五世达赖依为经师。第三十六代是工布·旦增勒协（掌教善说），此时，因甘丹寺强孜和夏孜两扎仓间发生纠纷，故此师不便住持，避往了康区。此师以上，甘丹赤巴虽由强孜夏孜两扎仓轮流担任，但是，任期年限等并不一定。此后，由藏巴汗作出裁定，故才建立了法台任期的定制。第三十七代是赤钦·根顿仁钦坚赞（比丘宝幢），第三十八代是朝达瓦·丹巴坚赞

（教幢），第三十九代是赤钦·贡却曲桑（宝善法），第四十代是法主阿里巴·班丹坚赞（具德幢）或称丹巴坚赞（教幢），第四十一代是夏孜·洛桑坚赞（善慧幢），第四十二代是赤钦·洛桑顿悦当曲（善慧不空圣教）或称尊者朗塔多吉（清净金刚），第四十三代是赤钦·强巴扎喜（慈吉祥），第四十四代是鲁布·阿旺洛追嘉措（语自在慧海）。第四十五代是卓尼·嘉木漾楚程塔杰（曼殊戒昌），此人正值五世达赖时期，第四十六代法台后，他又代理法台，为高贵的五世达赖全金灵塔主持了开光，并为六世达赖仓央嘉措讲说过《菩提道次第广论》等许多教法。第四十六代是桑洛京巴嘉措（施意乐海），第四十七代是邦达瓦·洛桑曲培（善慧法增），第四十八代是赤钦·顿珠嘉措（义成海），第四十九代是赤钦·洛桑塔杰（善慧昌隆），第五十代是贡塘赤钦·根顿平措（僧圆满），第五十一代是霍藏赤钦·班丹扎巴（具德名称），第五十二代是赤钦·阿旺曲培（语自在法增），第五十三代是赤钦·坚赞森格（胜幢狮），第五十四代是赤钦·阿旺乔丹（语自在具胜），第五十五代是桑查赤钦·阿旺朗喀（语自在虚空），第五十六代是赤钦·洛桑赤梅（善慧无垢），第五十七代是赤钦·桑丹平措（三昧圆满），第五十八代是甲穹巴·阿旺曲扎（语自在法称）。第五十九代是秋桑·阿旺曲扎（语自在法称），此人因寿元早尽，故任座未满。第六十代是赤钦·洛桑丹巴培杰（善慧法隆），第六十一代是擦朵·阿旺楚程（语自在戒），第六十二代是赤钦·洛桑门朗（善慧愿）。第六十三代是赤钦·洛桑堪乔（善慧贤胜），此师只住持法台两个月便圆寂，此后，又由洛桑门朗代理住持法台。第六十四代是赤钦·洛桑扎喜（善慧吉祥），第六十五代是赤钦·根顿楚程（僧戒），第六十六代是甲穹·阿旺年扎（语自在盛誉）。第六十七代是绛央门朗（妙音愿），此师任座三月后便圆寂。第六十八代是赤钦·洛桑格勒（善慧圆满），此师亦未任座期满便圆寂。第六十九代是赤钦·降秋曲培（菩提法增），第七十代是赤钦·阿旺曲培（语自在法增），第七十一代是赤钦·益希塔堆（智欲脱），第七十二代是赤钦·降白楚程（曼殊戒），第七十三代是擦杂·阿旺降白楚程嘉措（语自在曼殊戒海），第七十四代是洛桑伦珠（善慧运成），第七十五代是赤钦·阿旺隆朵嘉措（语自在教证海），第七十六代是赤钦·洛桑钦饶旺秋（善慧妙智自在），第七十七代是赤钦·楚程培杰（戒昌），第七十八代是赤软·降央塔杰（妙吉祥盛），第七十九代是赤钦·洛桑京巴（善慧施），第八十代是赤钦·扎巴顿珠（称义成），第八十一代是赤钦·阿旺诺布（语自在宝），第八十二代是赤钦·益希曲培（智法增），第八十三代是赤钦·降秋朗喀（菩提虚空），第八十四代是赤钦·洛桑楚程（善慧戒），第八十五代是赤钦·楚程班丹（戒吉祥），第八十六代是策门林巴·洛桑坚赞（善慧幢），第八十七代是赤钦·阿旺土丹旦白坚赞（语自在佛教教幢），第八十八代是赤钦·钦饶悦丹（慧德），第八十九代是赤钦·洛桑年扎嘉措（善慧誉海），第九十代是赤钦·强巴曲扎（慈法称），第九十一代是赤钦·洛桑坚赞（善慧幢），第九十二代是赤钦·土旦宁齐（佛教日），第九十三代是赤钦·益希班丹（智吉祥），第九十四代是赤钦·伦珠尊珠（运成精进），第九十五代是赤钦·扎西东堆（吉祥伏千），第九十六代是赤钦·土旦贡噶（佛教喜庆）。此等学问通达、德行高妙兼具的正士于大丛林甘丹尊胜洲寺中高掌宝座，皆被授权为文殊怙主第二佛陀的正绍圣，大转了显密圆满的法轮，故以一切门方式将法王宗喀巴大师的教法大宝弘扬于一切地方。

在此大丛林甘丹尊胜洲寺中虽然形成了夏强（东、北）两个扎仓，但是，在过去克珠大师住持甘丹法台时，曾将班钦巴、嫩巴、雅卓巴和曲扎班瓦等四僧委任为讲经院的讲闻师，分别进行讲闻。后来合并为夏强两院，夏孜扎仓由宗喀巴大师的亲教弟子夏瓦·仁钦坚赞（宝幢）主持讲闻，此后，由其侄达扎（月称）、尼扎（日称）、法主才玛旺杰（孪生子自在王）和法主杰旺瓦（胜者王）等次第相承堪布，在强孜扎仓，由霍敦·南喀班瓦主持讲闻。此后，由年布·却季旺秋（法自在）[1] 和涅敦·班觉伦珠[2]等次第相承的堪布弘扬了讲闻。

上述四十五代以上的甘丹赤巴传承次序，排列方法上虽有某些不同，但这里是按照《黄琉璃宝鉴》所讲而编排的。

一切智·宗喀巴大师的上首弟子律师·扎巴坚赞，于名为全喜的藏历第六饶迥之木虎年（公元 1374）出生在前藏堆卓地方，他从止贡法主出家，依止止贡年尼大师等许多善知识，彻底学习了一切经义。尤其亲近一切智·宗喀巴大师，无不齐全地学习了显密经义，特别学习了全部《律经》经义后，三律仪的细而又细的还净界限以内，亦如理守护得全不违纪，并将菩提心大宝作为修证的中心，所以，掌握了经教与现证功德之藏。在宗喀巴大师讲说殊胜的教诲时，曾赞美说："如此律师，于天竺亦稀有。"在修建甘丹尊胜洲寺时，此法主律师对于修建各座经堂和断行者的小茅屋等事，亦不辞辛苦，以巨大的努力，将此等每一处都建得完全符合《律经》所讲，还担负起建成全部庙堂和佛像的重任直至最终。宗喀巴大师涅槃后，为了圆满大师的心愿，此师在尊莫（王后）林园内修建了寺院，摄受部众，故而聚有比丘八百余人。其著作的书类，亦有《比丘学处大论》《沙弥学处》《三事仪轨》《毗奈耶因缘经》等《律经》法类甚多。此外，还

---

① 年布·却季旺秋：是克珠大师的弟子，继任强孜扎仓讲座。

② 涅敦·班觉伦珠：是克珠大师的弟子，继任强孜扎仓讲座。

著有胜乐、金刚手、大威德三尊、金刚界佛和普明大日如来等的修法，以及曼陀罗仪轨法类等的许多典籍。在完成了一切广大佛事后，于年六十三岁藏历第七饶迥之火龙年（公元1436）五月廿日，在尊莫园林内收摄了色身庄严而圆寂。班钦·索南扎巴说，此师于六十一岁藏历木虎年（公元1434）圆寂。

绛央却杰·杰扎西白丹（妙音法尊·吉祥具德），藏历第六饶迥之土羊年（公元1379）诞生于桑耶。最初于泽当寺出家，进入经院。于桑浦寺从涅·桂仁桑巴《宝鹭意乐》和邓玛·贡觉森格二师学习了《现观庄严论》和《量论》。在觉摩隆寺，从大堪布噶希巴学习了《律经》和《俱舍论》等，特别随从宗喀巴大师，听受了《中论》和《入中论》的讲说，以及《了不了义》《律经》《菩提道次第广论》《密宗道次第广论》《密集本续疏·明灯论》；《五部注解续》及其概要、综合和建立次第；胜乐与喜金刚法类和瑜伽法类等大部分显密经义，获得了无与伦比的智慧。智者益桑孜瓦（善意顶）亦赞美道：“作为大师的一个弟子，唯此哲蚌寺法主智慧广博。”此后，由宗喀巴大师亲任亲教师，由律师任羯摩轨范师，由甲曹法主任屏教师，于善信比丘足数之中受了近圆戒。彼时，宗喀巴大师将从果巴日山[①]伏藏中取出的白法螺交给了此法主并指示说：“汝当建一圆满寺庙。子寺较噶母寺尤能发展兴盛。”故由内邬宗本南喀桑布（善妙虚空）[②] 任施主，于此法主年三十八岁藏历第七饶迥之火猴年（公元1416）修建了吉祥哲蚌大寺院。此后，不论何时开设辩经，此法主都亲自将显宗的八部经函，结合各自的注疏，各做一次详广明确的讲说，故使一切智者悉皆倾倒。宗喀巴大师曾说此法主

---

① 果巴日山：一座小山名，在甘丹寺旁。

② 内邬宗本南喀桑布：该宗在拉萨罗布林卡南面。南喀桑布继其父仁钦桑布任宗本。他们父子均曾为宗喀巴师徒的施主。

“总的能熟记显密大经论一百三十部的一切词句和义理，是一位唯以所记而做讲说的智慧无与伦比者。”其听法亲教弟子亦出现了沫赛巴·罗追仁钦（慧宝）、年敦巴·释迦坚赞（释迦胜幢）[①]、尊者门朗白瓦[②]、阿阇黎噶勒和达勒（扁鞍和扁后颈）、译师喜饶仁钦（智宝）、法主南喀罗追（虚空慧）、藏巴·贡杰瓦（遍胜）和上座格勒白瓦（圆满吉祥）等无量的三藏法师。此法主于藏历土蛇年（公元1449）之氐宿月（四月）十八日，在哲蚌寺于奇异征兆示现中圆寂。享年七十一岁。

此法主住持寺院中委任了七位讲闻师，故而形成了七个扎仓，即果莽（多门院）、罗赛林（明慧洲院）、德扬（广乐院）、霞廓（东院）、推桑林（闻思洲院）或杰瓦（胜利院）、都瓦（调伏院）和安巴扎仓（密宗院）等，后来合并为果、罗、德、安四扎仓。住持寺院者，在此法主圆寂后，又有法主白丹森格（吉祥狮子）、法主仁钦降秋（宝菩提）、法主罗桑尼玛（善慧日）[③]、绒敦·罗桑扎巴（善慧称）、宁布·释迦仁钦（释迦宝）、尊者门朗白瓦、降央勒巴却觉（妙音善法财）[④] 或降央噶罗瓦（文殊欢喜慧）、法主云丹嘉措（功德海）、唐吉钦巴·根顿嘉措（僧海）[⑤]、班钦·索南扎巴（福称）[⑥]、佛主·索南嘉措

---

① 年敦巴·释迦坚赞：年，指后藏年楚河一带地区。释迦坚赞曾任扎什伦布寺的座主。

② 门朗白瓦：格鲁派僧人，为甘丹寺座主，最早的七代人之一。

③ 罗桑尼玛：第一世达赖之侄又是他的弟子。

④ 降央勒巴却觉：他是第二世达赖根顿嘉措之师。

⑤ 唐吉钦巴·根顿嘉措：即第二世达赖喇嘛。

⑥ 班钦·索南扎巴：他继达赖二世，1529年升为哲蚌寺第十五任座主，又任色拉寺座主。

(德海)[①]、佛主·云丹嘉措（功德海)[②]、班钦唐吉钦巴·罗桑却季坚赞（班禅一切智善慧法幢)[③] 和高贵的五世达赖。此后便由次第转世的历代佛主继任法台，亲自住持。该寺成了噶丹派的重要核心，所以，名为千万贤哲之源——雪域那烂陀[④]的盛誉传遍了整个大地。若将每个扎仓的历代上师也一一列出，恐文太繁。这里只举其中几位最主要者：

罗赛林扎仓，最初由大堪布勒丹巴（具善）主持经义的讲说。其后由无间出现的法主秀索巴（弓福)、法主班丹罗追（祥慧)、工布·楚洛瓦（戒慧)、邓玛·耶桑瓦（本贤)、法主勒巴班觉（善富)、阿阇黎·释迦桑布（释迦贤)、阿阇黎·云丹维（德光）和班钦·索南扎巴等主持了讲闻。这位班钦住持了第十五代甘丹法台并担任过佛主·索南嘉措的亲教师，其功业颇大。特别是编写了显密经义的注疏，尤其著作了辨析《五部大论》的全套新典，所以，此典籍至今都作为罗赛林扎仓的主要讲闻经典，而且还普及到了多维多麦的许多大寺院，因此，其功业甚广。

果莽扎仓，最初的住持是法主仁钦绛秋（宝菩提)，此后是智者噶勒和达勒、贡汝·楚桑瓦（戒贤)、钦布·班协巴（祥

① 索南嘉措：(1543—1588)。即第三世达赖喇嘛。生于前藏堆龙。4 岁时被认为根敦嘉措转世。1552 年任哲蚌寺堪布，1558 年任色拉寺堪布。1577 年经青康赴蒙古途中倡建塔尔寺。1580 年倡建理塘寺。旋应明顺义王俺答之请，由康入青，俺答赠号达赖喇嘛，译名“海上师”，遂成以后历代转世定名。后随俺答前往蒙古地方，传播佛教。明万历赠号大国师，召往北京，未行即圆寂于蒙古。

② 云丹嘉措：(1589—1616)。即第四世达赖喇嘛。生于内蒙古。15 岁时被西藏三大寺僧团迎至哲蚌寺，后从第四世班禅受近圆戒。先后任色拉、哲蚌寺寺主。享年 27 岁。

③ 罗桑却季坚赞：即第四世班禅额尔德尼。

④ 那烂陀：译义施无厌。古印度摩揭陀国王舍城的著名寺院。建于 5 世纪至 6 世纪初，有八大寺院，僧徒主客常至万人，学习大乘、小乘并吠陀、因明、声明、医方明等，为印度佛教的最高学府。我国唐代玄奘、义净等曾在此留学多年。

识)、罗群·贡杰瓦(遍胜)、堪钦·旺班瓦(自在祥)、阿阇黎·班罗协洛（祥慧般若慧)、卓尼·却勒朗杰（全胜)、贡汝·却季炯乃（法源）和秋桑·绛巴伦珠（慈顿成）等次第继任了住持。此后，是称做一切智·大德嘉木漾协具多吉（妙音笑金刚)[①] 的贤哲盛名传遍三城、一切方面皆同成为圣境之瞻洲庄严的大班智达的大贤哲住持了法座。此师写作了辨析一切显密经义的典籍，特别是此师精心著作了弥勒菩萨的《五部大论》的辨析新典，成为前所未有的善说法藏，所以至今果莽扎仓唯以此典籍作为默记的经文。不仅在此处，安多和中区的一切正理论师皆将此典作为闻思之本，所以，土观·却季尼玛才如是撒出了所谓“较其他典籍尤为殊胜”的赞美妙花。

德扬扎仓，最初由郊巴·绛班瓦（觉祥）主持讲闻，此后，由次第出现的仲·却班瓦（法祥)、扎穹·云丹坚赞（德幢)、智者才玛旺杰、噶久巴·尊珠森格（精进狮子)、喇嘛洛森瓦(慧狮子)、仲·南喀瓦(虚空)、喇嘛占江巴(吉祥光明)、仲·仁塔瓦（宝盛）和钦布·坚赞勒巴（妙幢）等堪布世代主持了讲闻。

安巴扎仓，由次第出现的阿阇黎·杰楚瓦(严戒)、阿阇黎·京乔巴（施胜)、仲·仁乔巴（宝胜）和阿阇黎·班贡坚赞（祥怙幢）等堪布世代主持了讲闻，所以，显密讲修的佛法得到了蓬勃发展。

绛钦却吉·释迦也失（大慈法王·释迦智)，藏历第六饶迥之木马年（公元1354）出生于蔡公堂的一个世代官吏家族。《松

① 嘉木样协贝多吉：(1648—1721)。拉卜楞寺的创始人，该寺第一世活佛。生于甘肃夏河县甘加地方。1668 年入西藏学法。1699 年出任哲蚌寺果莽扎仓堪布。1707 年受拉藏汗邀请，任磐石寺住持。晚年返回安多地区，于1710 年，在甘肃夏河倡建拉卜楞寺。1720 年，清康熙皇帝颁赐金敕金印，封“扶法禅师班智达额尔德尼诺门罕”。1721 年圆寂，终年75 岁。

巴宗教史·如意宝树》中说，他诞生于水猪年（公元1383）。此师具有随念宿生等教证功德，特别为多闻子所护持，并应奉天承运文殊大皇帝永乐迎京之诏，于藏历第七饶迥之土鼠年（公元1408），代表宗喀巴大师，此法王经南路康区理塘，进京朝觐永乐皇帝，敬奉了法甘露，故被敕封为大皇帝和皇子两代的国师。此法王在汉地一切地方创立了宗喀巴大师的清净正宗后，退回了西藏。此法王遵照一切智·宗喀巴大师之命，于藏历第七铙迥之土猪年（公元1419）修建了色拉大乘洲寺，以讲闻而完满护持。彼时，又接大皇帝之迎诏，于土鸡年（公元1429），作为法王自己的绍承，封噶久巴·塔杰桑布为堪布座主，自己再次前往内地。奉天承运文殊大皇帝明成祖敕封法王·释迦狮子为“西天佛子大国师”。此法王广转了法轮，安立诸众生于成熟解脱之道后，于年八十二岁又启程返藏。途经佐毛喀[①]，于藏历木兔年（公元1435）十月廿四日圆寂，此乃经师益希坚赞所讲，与汉文文献和《蒙古宗教史》所讲一致。郊杰·普觉仁钦（胜怙·普布觉寺大师）虽然说此师卒于年六十八岁藏历铁虎年（公元1410）七月十日，但生年与属相不符。此法王的听法亲教弟子也出现了聂塘巴·法主阿莫伽巴（降伏）和法主索南希饶（福慧）等多人。不过，唯此二法主曾任奉天承运大明永乐皇太子宣德皇帝的国师，其二规[②]功业甚广。保任此贤哲法座的堪布世代，在法主塔杰瓦之后，复由无匹法主或谓贡汝·坚赞桑布主持讲闻。此后是夏鲁热降巴·扎西嘉措[③]、法主沫赛巴、法主乃丹

---

① 佐毛喀：即今青海省民和弘化寺。

② 二规：指世间与出世间两种规矩或指政教制度。

③ 夏鲁热降巴·扎西嘉措：夏鲁是夏鲁寺。“热降巴”，即格西，高一级的学位名。亦译为广通经义者或博士。

巴[1]、勒浦却季[2]、涅敦·班觉伦珠、芒推·班丹罗追[3]、绛央·顿悦班丹[4]、佛主·根顿嘉措和至尊却季坚赞[5]，此师是一位无匹的正理自在。他著作了《中论》《现观庄严论》和《量论》等的注疏典籍甚多。在色拉寺切巴扎仓和甘丹寺强孜扎仓中，至今仍都从此典籍上进行讲闻，特别在安多、中区和康区等三大区的许多大丛林中，皆从其典籍上守持了讲经闻修的传统，故而功业取得了极大的发展。此师以后的诸座主是班钦·索南扎巴、法主扎桑巴（贤称）、佛主索南嘉措、栋科尔·云丹嘉措（功德海）[6]、佛主云丹嘉措、班钦·罗桑却杰（善慧法王）和佛主五世达赖喇嘛等。此后，便由次第转世的历代佛主继任座主。

此寺院最初有五个扎仓，但后来并为切巴（外出者）和麦巴（下院）两个扎仓。复次，在贡汝·坚赞桑布住持法座时，为各个扎仓都委任了讲闻师。如在迦（汉）扎仓，是由法主绛央帕巴（妙音圣）主持讲闻。在仲登扎仓，是由楚迦本布（六十户长）主持讲闻。在堆扎仓，是由贡汝·坚桑瓦自己主持讲闻。此后，将迦和仲登两个扎仓合并到了堆扎仓，由钦布·协江巴、贡汝·却洛瓦（法慧）和本·释迦桑布（土官·释迦贤）等无间地以讲闻而护持。彼时，在降央却吉的弟子梅色巴·罗追仁钦森格住持哲蚌寺时，有一些僧人修持邪法，因此，此师心生厌恶，不乐于安住哲蚌寺，遂去了色拉寺。当时，从哲蚌寺有其

---

① 乃丹巴：义为上座师。他继任色拉寺第六任座主。

② 勒浦却季：勒浦，即勒浦关沙寺，在拉萨附近。“却季”即法主，他是该寺的座主，色拉寺第七任座主。

③ 芒推·班丹罗追：“芒推”是尊号，义为博闻经教。班丹罗追（祥智）是色拉寺第八任座主。

④ 绛央·顿悦班丹：义为文殊不空祥，他是色拉寺第九任座主。

⑤ 却季坚赞：即第四世班禅额尔德尼洛桑却季坚赞。

⑥ 栋科尔·云丹嘉措：栋科尔是寺名，该寺在青海省西宁市湟源县境内。云丹嘉措任色拉寺座主。

弟子数百智者随他而来，聚为色拉寺迦、仲登和堆等三个扎仓的大部分智者，宏传了《中论》《现观庄严论》和《量论》等的讲闻，故称为切巴扎仓。麦巴扎仓，由贡钦·降秋邦巴（十万菩提）或称降秋维赛（菩提光）[①]、法主尊珠桑布（精进贤善）、阿阇黎·释迦占巴（释迦吉祥）、才玛·旺杰瓦、钦布·楚杰瓦和钦布·桑布班瓦（贤祥）等次第继任堪布法座，宏传了讲闻。后来，拉藏汗[②]下令建立了安巴扎仓。关于讲闻的经典，在切巴扎仓也以至尊却季坚赞的典籍为主。在麦巴扎仓，以第二十二代甘丹赤巴根顿丹塔的典籍为主，进行讲闻，故而成为守持山居噶丹派教法的千万贤哲之清净源地。

唐吉钦巴·根顿珠，藏历第七饶迥之铁羊年（公元1391）诞生于后藏霞堆[③]，在纳塘寺从堪布·楚巴希饶（成就慧）出家，遂次受了近圆戒。后来又到昌珠寺[④]从法主贡桑（普贤）学习了《中论》和《量论》等，修道养心。此后来到前藏，在扎喜多喀，参见了宗喀巴大师，从此便摄如心中花蕾，为他讲说了许多显密正法。此外，还拜大菩萨贡桑瓦以及尊者协饶森格、甲曹·唐吉钦巴（即达玛仁钦）和克珠大师等，学习了所有显密经义，达到了彻底精通，故而盛名传遍了十方。复又返回后藏，于纳塘大弥勒佛像前长久闭修。年五十七岁藏历第八饶迥之火兔年（公元1447）兴建了扎什伦布吉祥大乐遍胜洲寺，向聚集于此寺的后藏大部分三藏法师遍宣了宗喀巴三师徒的经义，广做了《五部大论》的讲解等，在后藏宏传了宗喀巴大师的教法。其听

---

① 贡钦·降秋邦巴：初为色拉寺座主，后任扎什伦布寺座主。

② 拉藏汗：全名拉萨鲁白。固始汗曾孙。公元1703年清康熙四十二年继任汗王。

③ 霞堆：又名下不堆，属萨迦县。

④ 昌珠寺：7世纪初，松赞干布为镇压古堪舆家所说罗刹女左肩所倡建的寺庙。在今山南乃东县，为西藏最早寺院之一。

法的亲教弟子，亦有尊者门朗白瓦、都迦瓦·菩提萨埵[①]、都那巴·班丹桑布[②]、甲当·摩诃萨诃[③]、班钦·桑布扎西[④]、举德增巴·敬巴白瓦[⑤]、举德增巴·札桑瓦[⑥]、举德增巴·贡噶顿珠、班钦·隆日嘉措[⑦]、勒宁瓦·贡噶德勒[⑧]、强瓦·罗追贡布、班钦·益希孜莫[⑨]和法主达那巴等出现了许多不可思议的学行兼优的正士。经论的著述亦著有《释量论小疏》《总义正理庄严》和《律经大疏》等许多典籍。此师广做了佛教事业后，于藏历第八饶迥之木马年（公元 1474）十二月初八，在示现奇异的兆象中圆寂。享年八十四岁。此后寺庙由班钦·桑布扎西住持，以讲闻而善护持。此后，是班钦·隆日嘉措、班钦·益希孜莫继任。在班钦·益希孜莫继任法座时，佛主根顿嘉措在扎什伦布寺安住。对此，益希孜莫露出嫉妒之情，因此，佛主便不再住，去了哲蚌寺。此后，佛主兴建了倾科杰寺[⑩]等，功业蒸蒸日上之时，班钦·益希孜莫又请其宽恕，殷切请回。故此，佛主根顿嘉措又住持扎什伦布寺座主约四年之久，而后又返回了哲蚌寺。此后继住

---

① 都迦瓦·菩提萨埵：达赖一世的弟子。后来由他发展成为“色举”系。

② 都那巴·班丹桑布：达赖一世的弟子。他继承协饶森格法统，亦属“色举”系。

③ 甲当·摩诃萨诃：达赖一世的弟子。

④ 班钦·桑布西：一世达赖喇嘛的弟子，并继承其扎什伦布寺法位。

⑤ 举德增巴·敬巴白瓦：为一世达赖喇嘛的弟子，亦为协饶森格弟子，继承下密院法座。

⑥ 举德增巴·札桑瓦：为一世达赖喇嘛中期弟子，继承其扎什伦布寺法座。

⑦ 班钦·隆日嘉措：为一世达赖喇嘛中期弟子，并继承其扎什伦寺法座。

⑧ 勒宁巴·贡噶德勒：勒宁在江孜地区。他为一世达赖喇嘛后期弟子。

⑨ 班钦·益希孜莫：为一世达赖喇嘛后期弟子。

⑩ 倾科杰寺：译为法轮胜寺，在山南桑日县境内的杰梅朵塘地方。1509 年二世达赖喇嘛所建。

座主的，是阿里拉尊·丹白尼玛[①]、班钦·罗追坚赞[②]、班钦·顿悦嘉措[③]、香敦·罗追勒桑[④]、勒宁巴·却季坚赞[⑤]、香敦·却白瓦[⑥]、曲雄瓦·索南坚赞[⑦]、香敦·桑桑瓦[⑧]、年敦·当曲巴[⑨]、娘敦·拉旺罗追[⑩]和班禅一切智·罗桑却季坚赞等。这以下皆由各代普照班禅一切智转世来继任法座，将文殊怙主洛桑扎巴的显密双运教法大宝，从一切方面弘扬光大，长久安住。

此扎什伦布寺最初形成三个扎仓，在霞孜扎仓主持讲闻者，次第出现了香敦·尺美协宁[⑪]、法主多丹巴（力士）、仲·楚勒巴（戒贤）、噶希巴·曲扎（法称）和阿阇黎·罗追嘉措（慧海）等。在推桑林扎仓，最初的座主是贡钦·曲觉班桑（一切智·法财祥贤），此后，依次出现了芒推·洛桑协宁（多闻子·善慧友）吉隆饶江巴·洛桑（博士善慧）和穹楚·降巴扎西（慈吉祥）等。在基康扎仓，第一位座主是阿阇黎·班曲巴（吉祥佛教徒），此后，依次出现了桑结·班仁巴（佛·祥宝）、阿阇黎·桑结旺秋（佛自在）、仲·曲扎巴（法称）、法主拉尊巴（大德）、饶江巴·丹巴（教法）、饶江巴·根顿顿珠（僧义成）

---

① 阿里拉尊·丹白尼玛："拉尊"是对于王族出家人的敬称。他是阿里王族家的成员，任扎什伦布寺座主。

② 班钦·罗造坚赞：又称班钦·辛迪巴罗追坚赞。辛迪巴是印度哲人名。此指他是辛迪巴的转世化身。他是扎什伦布寺座主。

③ 班钦·顿悦嘉措：扎什伦布寺座主。

④ 香敦·罗追勒桑：是扎什伦布寺座主。香是地名，指后藏香曲河流域一带地区的总名。现为甲错、南木林、拉布三县区。

⑤ 勒宁巴·却季坚赞：是一世达赖喇嘛后期弟子，扎什伦布寺座主。

⑥ 香敦·却白瓦：扎什伦布寺座主。

⑦ 曲雄瓦·索南坚赞：他是扎什伦布寺座主。曲雄是地名，位于藏北。

⑧ 香敦·桑桑瓦：又名桑桑白桑。扎什伦布寺座主。

⑨ 年敦·当曲巴：又名当曲扬培。扎什伦布寺座主。

⑩ 娘敦·拉旺罗追："娘"是氏族名，也是地名，他是扎什伦布寺座主。

⑪ 香敦·尺美协守：根顿珠巴初期弟子。他是扎什伦布寺霞孜教理院的创始人。

和热降巴·辛迪巴[1]等，宏传了讲闻。佛主根顿珠虽有建立安巴扎仓的意趣，但未实现。后来由班禅一切智·洛桑却季坚赞新建了安巴扎仓，故而始出了安钦·多吉增巴贡乔坚赞（大密咒师·金刚持宝幢）等许多学问通达、德行善妙的权威。

凭依如是卫藏四大丛林，在上区阿里三部、中区卫藏四翼和下区多康六岗等雪域藏地的一切边区和腹地，山居噶丹派的寺院发展了许多，文殊怙主洛桑扎巴大师的讲修教法大宝传遍了瞻部洲全境。

下面讲说宗喀巴大师之密宗教法如何宏扬之情。大师的弟子如天覆地出现甚多，此等之中由修行密宗道而获得证悟高位和以为他人讲说的方式，长期培育具法器弟子的学行皆优、不可思议的正士虽然出现甚多，但是，得到成为密教之源的《密集》口旨传授者则是至尊喜饶森格（慧狮子）。此师诞生于后藏叫作堆色的库玛地方[2]。年十四岁上，于纳塘寺从大堪布·楚巴希饶（成就慧）出家，受沙弥戒，赐法号为喜饶森格。此后，便从此大堪布上师，特别从雅楚·桑杰班瓦（佛吉祥）彻底学习慈氏诸论、《中观理聚六论》《入行论本释》《入菩萨行论》《量论》和《集量七注》等。年廿岁上，于纳塘寺从大堪布受了比丘戒。彼时，由过去发心和祈祷的法力，闻得了宗喀巴大师的贤哲盛名，以此为缘，去了前藏。在甘丹寺，随从宗喀巴三师徒，总的学习了一切佛经，特别圆满学习了《吉祥密集》的原文和注疏及其解释，一切本续之义，悉皆掌握精通，故而智者美名遐迩。后来，宗喀巴大师在色拉却顶做本续的讲闻时，手持一部《四家合注》的经函，当众问道："尔等诸智者中有谁能受持《吉祥

① 热江巴·辛迪巴：他是扎什伦布寺基康扎仓的讲闻师。
② 库玛：位于今萨迦县内。

密集续》的讲规?”连问了三次。当时，诸智者谁都不敢禀以回答。此时，此法主顶礼三拜，答道：“我来执持。”恭敬接受了大师的语旨。宗喀巴大师十分欢喜，遂施与了密集金刚金身、《四家合注》经函、法王面具、跳神的舞衣和骨杖羂索等，封其为密教之主，并且授记说：“汝无须畏惧，我已将此法付与阎摩法王。汝可往后藏，那里有山如铃扣覆之状，上有修阎摩敌之瑜伽师，他当弘扬汝之教法。又有山如仰卧的罗刹女，其上住有夜叉女，彼亦能弘扬汝之教法。那时你自己亦能了知。”于是，此师随根顿珠大师一起来到了后藏，暂住纳塘寺。此师徒二位与律师·罗追白巴（隐慧）相会，一起宏传显密讲闻，从而聚集了诸多弟子。在如是讲闻之风极盛的时候，一日喜饶森格大师忽然念起曾在宗喀巴大师前，承诺宏传本续的讲闻后，便广做了《吉祥密集本续》的讲解。彼时，应夜叉女的化身女施主释迦班（释迦祥）的迎请，正在进行《吉祥密集本续》的讲闻中，来到了伦布孜寺[1]，为该寺的喇嘛帕巴畏[2]及其眷属讲说了密集和胜乐等的许多密法，封喇嘛帕巴畏为金刚师，并在此寺建立了本续的讲闻制。为作缘起，遂将宗喀巴大师所赐予的法王面具、跳神的舞衣和骨杖羂索等留作圣物缘分。此后来到了色隆普[3]，在那里兴建了一座名为色·甘丹颇章（色·兜率宫）的进行本续讲闻的道场，委都那巴·班丹桑布为讲闻师，故称作藏堆举。又将宗喀巴大师所赐的《四家合注》经函以及书夹子和钵盂给了都那巴，留作加持的圣缘。从此处又回到拉萨，应乃伍东本·南喀班觉[4]的迎请，来到堆龙寺，为聚集在那里的众多三藏法师广做

---

① 伦布孜寺：此有两处，一在后藏白朗县境内，一在拉萨市曲水县境内。

② 帕巴畏：本名云丹嘉措。伦布孜寺座主。

③ 色隆普：色是地名，现属萨迦县色区。

④ 乃伍东本·南喀班觉：指当时居住在山南乃东县的第斯帕木竹巴政权下的地方头目。

了本续王经《密集续释》和生圆二次第的讲闻。藏历第七饶迥之水牛年（公元1433），于此寺建立了本续讲经院，称作吉祥麦举扎仓（下密院）。在此寺建立了夏季春季进行《密集续释》的讲说，秋季进行五次第直接传授等六大教授[①]的讲闻制，并将宗喀巴大师所赐的密集金刚身留作扎仓的圣缘。由于如是在前后藏二大地区新建了进行本续讲闻的经院，故而就创下了广传大密本续王经道的建立——宗喀巴大师不共主张的传统和于此浊世大加弘扬了显密双运之教法大宝的不可思议的恩德。法主益桑孜瓦亦赞美道："大师的弟子中未出现比纳塘瓦·喜饶森格之功业更大者。"如是于佛教广做事业后，便将前藏麦举扎仓的讲闻事宜交给了阿阇黎·敬巴白，于藏历第七饶迥之木牛年（公元1445）四月廿八日，在甘丹寺收摄色身庄严而圆寂。其听法亲教子亦出现了上师根顿珠、遍智帕巴畏、举钦·敬巴白、法主门朗班瓦、菩萨都噶瓦和都那巴·班丹桑布等不可思议之学行兼优的诸正士。后藏的堆举巴或色举巴[②]进行本续讲闻的历代堪布，在都那巴以后，也依次出现了降央·根顿培[③]、热降巴·曲英[④]、喇嘛扎帕[⑤]、举巴·桑珠嘉措[⑥]、举钦·尊珠帕巴[⑦]、克珠·多吉桑

---

① 六大教授：有圆满五次第论教授、六支加行教导、那若六法教授、胜乐轮圆满次第大瑜伽教导、圆满五次第教授、怖畏金刚圆满次第四瑜伽教授。

② 色举巴：由宗喀巴大师的弟子协饶森格在后藏萨迦色地区，建立的密宗道场，从此传出的密法称为色举派密法。色举巴，是色举派人的通称。

③ 降央·根敦培：义为妙音僧增。继都那巴后宏传色举派密法者。

④ 热降巴·曲英：义为法界。他继降央·根敦培后宏传色举派密法。

⑤ 喇嘛扎帕：全名扎西帕巴，义为吉祥圣。为根敦培弟子，色举派的第三代传承。

⑥ 举巴·桑珠嘉措：意为如意海。是色举派传承第四代。

⑦ 举钦·尊珠帕巴：意为精进圣。是色举派传承第五代。

布[①]、举钦·桑结嘉措[②]、举钦·贡乔嘉措[③]和举钦·贡乔扬培[④]等。在前藏麦举中，进行讲闻的历代上师也依次出现了举钦·敬巴白、金刚持·协饶桑布、乌日噶久巴·希饶班瓦（慧祥）、法主楚桑、阿阇黎·仁钦巴（大宝）、法主却穹嘉措（护法海）和举巴·坚赞桑布（贤幢）等。这些举钦（大密乘师）也全部是获得生圆次第之高深证悟者。本续的讲闻，也主要从《四空合注》《密集》的广略二注和都那巴所著的《金刚道序》等之上进行的。称为麦举八大引导的，是《密集五次第》《大威德四次第瑜伽》《大轮四加持》和《妙金刚四明点》等八大引导。这八大引导，是第二十代甘丹赤巴举钦·却扎桑布所作的笔记。在此以前，说是由宗喀巴大师和尊者喜饶森格等从记忆中讲说而辗转传授的。色举派的八大引导，是《密集五次第》《大威德圆次四瑜伽》《铃派五次第》《卢伊巴圆次大瑜伽》“时轮六加行”和“那若六法”等，即色举派六大引导和在此之上再加《大曼陀罗四加持》和《迁识引导开启金门法》，故称为色举派八大引导。此外，还有《伏摩铁堡》《幻轮》和《护摩》等，即三要门的引导；《迁识引导开启金门法引导》《护法朵玛制造引导》《大朵玛引导》和《白伞盖母大禳解等四大禳解法引导》和《安神引导》等六种，称做六分支引导。举钦·贡乔扬培在其前半生，虽然由色举本身出现了许多弟子，但是，未有一人持得了法统。在其后半生，虽有墨根喇嘛[⑤]和夏鲁堪钦·降央丹增二人随从举钦·贡乔扬培，但是，未能学到《密集》法类的若干重大要门。

① 克珠·多吉桑布：意为金刚贤。是色举派传承第六代。

② 举钦·桑结嘉措：意为佛海。是色举派传承第七代。

③ 举钦·贡乔嘉措：意为宝海。是色举派传承第八代。

④ 举钦·贡乔扬培：意为宝增。是色举派传承第九代。

⑤ 墨根喇嘛：墨根是蒙古语，是对修行有成就者的称号。此人曾作喜饶森格弟子。

在举钦·贡乔扬培八十岁上，有遍智·嘉木漾协巴多吉；在其年八十一岁上，有章嘉·阿旺罗桑却丹①和塘萨巴·额珠嘉措②等从前藏专投到举钦·贡乔扬培门下时，他才将《密集本续》的讲说和二次第的讲授等色举派的全部教授，如瓶满灌之状地传授给他们。此后不久，举钦便圆寂。“想他这样持寿久居，乃是一直等到将法交与法主的意思。”这是土观大师所讲。上述三位正士无不齐全地学习了出自后藏堆举或色举、前藏麦举和温萨耳传③等的显密甚深教援，即如空行心血的一切要门，故而汇成了一个教授流，遍布于安多和中区的一切地方。

举钦·贡噶顿珠（大密乘师·喜庆义成）④，藏历第七饶迴之土亥年（公元1419）出生于后藏。于纳塘寺出家，在根顿珠大师尊前，他学习了《释量论》。从尊者喜饶森格，他又学习了五次第的直接传授以及本续第七品以上的传经。在哲蚌寺，他从大堪布班洛瓦学习了《中论》《现观庄严论》《律经》和《俱舍论》等许多经论。从举钦·敬巴白，圆满学习了《密集续释》和详细要门以内。此外，还从举巴·扎巴桑布（贤称）和法主巴索瓦（象牙）等学习了许多显密法类，成为全部显密要门大海之主。此后便在降巴林寺住持法座。经长期住持后，去了麦举。当时正是举钦·敬巴白主持讲闻之时。此后，举巴·扎桑瓦继任了法座，主持讲闻，然而寿数未尽。此后，虽然委了法主达

---

① 章嘉·阿旺罗桑却丹：章嘉是安多地区一地名。此人是拉卜楞寺创建人格丹嘉措的弟子（1642—1714）。尊号为章嘉多吉强，康熙封为国师。后在内蒙多伦诺尔建寺，以后则由其转世活佛继任该寺寺主。

② 塘萨巴·额珠嘉措。塘萨是地名，也是寺名，在拉萨北面彭域境内。他亦曾为喜饶森格弟子。

③ 温萨耳传：温萨是地名，在后藏。温萨巴即班禅第三世罗桑顿珠。由他附耳亲口传授的格鲁派密法传统，称为温萨耳传。

④ 举钦·贡噶顿珠：色举派传承法统。他是敬巴白的弟子，1474年在拉萨立一密宗院，名为举堆巴。

瓦坚赞（月幢）为讲闻师，但是，由于身体不济，未任法座。彼时密宗院的全体比丘虽然很希望贡噶班瓦大师住持法座，但是，由于该院的领诵师顿悦（不空）之权力所致，委任了阿阇黎·扎西坚赞（吉祥幢）[1] 为讲闻师。此师稍感不满，遂取该院的内所依护法神轴画和颅骨，去了卫堆（拉萨上院）。从此，进行本续讲闻的初期，有师六人。后来逐渐聚集了律师三十二人，故而吻合了等同密集诸本尊数目的吉兆，因此，此大师便于年五十六岁藏历第八饶迥之木马年（公元1474），兴建了前藏的举堆扎仓（上密院），功业极为宏大。此后，举麦的阿阇黎·协桑瓦虽然再次迎请，但他始经未去，全在举堆扎仓中广做讲闻达十三年之久，故而僧众发展了很多。其听法的亲教弟子也出现了举巴·拉仁巴（天宝）、法主耶孜瓦和阿阇黎·班丹维赛（吉祥光）等许多学行兼优的正士。如是于佛教广做事业后，于藏历第八饶迥之火马年（公元1486）二月六日，在降巴林寺圆寂，时年六十八岁。此法主圆寂之当年马年和第二年羊年两年中未进行讲闻，处于空白，这是班钦·索南扎巴所讲。此后，依次出现了阿阇黎·拉仁巴、阿阇黎·曲丹罗追（法慧）、班钦·索南扎巴（福称）、法主·贡乔塔杰（宝盛）、贡德·南喀坚赞（虚空幢）[2] 和贡乔曲培（宝法增）大师[3]等弘扬了密乘教法大宝。

关于温萨耳传如何来源之情：尊者朵丹·降央嘉措（曼殊海），藏历第六饶迥之火猴年（公元1356）出生于青海宗喀地方。由于前世贤善习气之能力得以滋长，所以从童年起就能记住《月灯经》等许多经书，并能经常口诵《月灯经》。年十八岁，他来到前藏，依止上师雪隆·曹喀巴、达隆译师、阿阇黎·贡乔

---

① 阿阇黎·扎西坚赞：色举派传承法统。扎桑瓦后，由他继任麦举法座。

② 贡德·南喀坚赞：他是贡噶顿珠的弟子。由他传承举巴法座。

③ 贡乔曲培：他是举堆巴法统，继承贡噶顿珠法座第三世。

森格和扎恰堪布·根敦等，彻底学习了一切显密经义，特别是依止宗喀巴大师为根本经师，学习了摄显密二要道的全部噶丹耳传教授，并传授了《神变书》等。后来，应邦萨堪布的迎请，他来到彼处，于隐居地色瓦绒（刺梅谷）的寝舍中，一心精进于修证等持，故而生起了诸多现证功德，并且亲见了文殊菩萨之圣容。从此以后，身与语的感觉便随意而生。藏历土猴年（公元1428），于诸多奇异兆象示现中，在隐居地色瓦绒圆寂，时年七十三岁。

宗喀巴大师所讲的诸多耳传教授，特别是现为文字与音调的至尊知见的大藏《神变书》等，大师除了这位朵丹巴上师外，未传授给任何人，而上师朵丹巴亦将包括此《神变书》在内的噶丹耳传要门，只密传给了帕索·却季坚赞，而法主·帕索瓦亦遵照文殊菩萨对他的授记，作为密法，除了传授给犹如宝贝化机的弟子金刚三昆仲①外，也未讲给任何人。法主·帕索瓦又吩咐此三人说："若出一二舍弃今生事的法器的弟子，方可讲此耳传教授，否则，对其他任何人连有如此要门的话也不可讲。"以本尊、空行和护法等为证，讲了极严的禁令。称作金刚三昆仲的三位上师，据说对此文殊怙主宗喀巴大师之教法，于此生成就了虹身，并且证得了不死金刚身，故而迄今亦在安住。此三昆仲中，据说堆龙巴·班丹多吉只向一二个有缘弟子传授过这个耳传教授。《传记》中说："佛主·根顿嘉措从这位成就了双运的勇识，获得了法恩。"《佛主·索南嘉措传》中也说："称做大成就者·班丹多吉已证得虹身，于寝舍日光聚中已得卢伊巴派的胜乐灌

---

① 金刚三昆仲：是大成就·却季多吉（法金刚）、堆龙巴·班丹多吉（吉祥金刚）和康巴·多吉班瓦（金刚祥）。格鲁派密法《神变书》的传承，是从他们三人开始的，依次传授到班禅·罗桑却季坚赞时始笔之于书。此一密法传承，后来称为温萨派。

顶。大成就师又将他亲自得到的莲花生大师所传的长寿灌顶法传授给了此佛主。”三昆仲之一康巴·多吉白瓦，除了起初在帕索·却季坚赞前听受此耳传教授时，除了在根培山①安住时和除了后来包括他本人在内的金刚三昆仲聚会时外，普通人谁也全未耳闻目见过。是安住于某一别的成就圣地或是去了其他不净刹土等，不论怎样，总之，于此域获得法恩不甚明显，这是经师益希坚赞所讲。

三昆仲之一大成就者·却季多吉。在青海宗喀地方有一父名叫贡噶杰布，母名叫班宗的两个出世男女去卫藏朝圣时，来到了达那金刚座②，于藏历第八饶迥之火牛年（公元1457）生下了这位大成就者。他在年十一岁时，由父母带领，去朝拜了各处圣地，故由文殊怙主宗喀巴大师的发心和诸护法策励的法力所使，渐次来到了甘丹尊胜洲寺。彼时，首先参拜了帕索·却季坚赞。此法主当时就赐与了父母二人随顺世俗的无量奖赏，讲道：“请将此童施与我。”于是父母二人欣然献与。从此以后，便由此法主爱惜养育而出家，起法号为却吉多吉。他彻底学习了一切显密佛经，特别圆满地听受了菩提道次第的所缘法类、要门、亲训、除障和生效等，以及胜乐、密集、大威德和时轮等四续部的灌顶传承和教授。尤其是此法主圆满传授了怙主文殊菩萨亲自授与宗喀巴大师的不共耳传显密二宗之道体圆满的甚深妙道即上师天瑜伽的要门和亲训，最后将噶丹大《神变书》交在他的手上，讲道：“除了空行授记的一二个弟子外，不得向任何人展示。”讲了严格的禁令后，给与了他。此后，他去了哲蚌寺，从大德·德勒朵丹（圆满力士）彻底学习了以《中论》和《现观庄严论》

---

① 根培山：全名根培阿兰若。是寺名即静居寺，在哲蚌寺山上。

② 达那金刚座：在后藏的谢通门县境内。

为主的诸大乘师之经义，并从轨范师尼玛贡（日怙）和法主朵丹受了比丘戒后，去了后藏。在后藏，他从律师·罗追班巴（慧隐），圆满学习了《律经》法类。此后，遵照法主·帕索大师的指示，去了雪山、山洼和林间等诸多静中之静的地方，将修证全部显密道作为中心，故而修证功德愈加增长。特别在许多前辈善士获得成就的圣地帕襄珠穆拉日山[①]的大密成就处白玛京[②]奋力修证，故而生起次第达到了究竟，并因合一修了圆满次第，所以，真正成就了心远离譬喻光明和不净幻身[③]。彼时，由于修习了圆满次第相属的上师瑜伽，故而亲见了宗喀巴大师之圣容，听受了诸多不共的耳传教授。复又于此修行处，一心勤修了圆满次第甚深瑜伽，故而凭依极无戏论之行，以身清净幻身和心清净胜义光明[④]二者双运转之道，无余尽断了诸细而又细的所知障[⑤]，证得了具足和合七支的双运金刚持果位，安住法身不动地变成了与一切有情各自缘分相合的种种庄严，以如是庄严，乃至虚空存在，为饶益众有情不怠而住。是这位大成就者将全部要门传授给了法主温萨巴·罗桑顿珠（善慧义成）[⑥]。

法主温萨巴·罗桑顿珠，藏历第八饶迥之木牛年（公元1505）一月十日诞生于后藏一个名叫拉库的地方。十一岁时于曲科卫顶的拉日孜寺，从法主拉日孜瓦·扎巴顿珠（神山顶寺

---

① 帕襄珠穆拉日山：在后藏江孜县南面的绰摩地区，与不丹联界。

② 白玛京：译义莲花园。

③ 不净幻身：圆满次第中六次第之一。以如幻如梦等譬喻论断，修习三界一切情器世间所有内外诸法皆是现分有而自性无。

④ 胜义光明：圆满次第法门之一。睡眠、错乱所起见修所断二障种子，亦被道位强力光明永远断除，顿然离垢之基位光明。

⑤ 所知障：烦恼习气及其自果事相分别之错乱分。能障碍证得一切种智的三轮寻思。

⑥ 法主温萨巴·罗桑顿珠：即班禅第三世。温萨传承从他开始，所以称他为温萨巴。

主名称义成）出家，赐法号为罗桑顿珠。此后，随同法主拉日孜瓦和阿阇黎·楚程仁钦巴（戒宝）二师一起来到哲蚌寺，从扎巴顿珠大师听受了菩提道次第的经验传授，以及时轮和大威德等的许多灌顶传承和教授。在根培山，从法主罗追坚赞（慧幢）听受了吉祥密集的灌顶等。此后，他去了扎什伦布寺，又从闻思院的住持罗桑协宁（善慧知识），彻底学习了一切波罗蜜多乘的经义。彼时，天花病流行所有地方，此法主亦于年十七岁时染上了天花而生病。他在温萨寺居住时，一日门前来了一位唱诵祝贺赞词的出世者，当一听到其唱诵的语音，身上的毛发便马上竖起，感觉发生了彻底的变化，故当来到门前一看时，便见到一位身穿百纳衣，能引生信念的长白胡须者，故知其是一位守持宗喀巴大师耳传的大成就师，遂迎于室内。当启请护持时，吩咐说："当于如此如此时前来扎喜宗喀谷底之噶摩曲宗。"上述三昆仲之一那位大成就者却季多吉，虽然于此生成就了双运，但是，粗分异熟身暂未弃舍，在怙主文殊菩萨授记的耳传法主这位温萨巴·罗桑顿珠未出世期间，乃至超过百余岁，都依止双运灌顶王经《宝箧经》，对一些有缘化机给以正法甘露。是在此时见到将无余耳传教授给予大德温萨巴的时机已到，才故意以一极年迈的比丘行相而来到尊者温萨巴住处门前的。此后，尊者温萨巴一脱离天花疾病后，便马上遵照那位大成就师所讲，去了噶摩曲宗。那位大成就师如瓶满灌地传授了菩提道次第的讲授等全部耳传教授；胜乐、密集、大威德的灌顶；二种次第的全部要门等，赐封其为文殊怙主耳传的教主。此后，大成就者·却季多吉和温萨巴二师便一同摄受了卫藏各地的许多有缘化机和见为以耳濡目染、心念身受等成为当前和最终利乐的殊胜缘起而云游和加持了雪域的大部分圣地和地方，最后来到圣地白玛京。尊者温萨巴大德一心精进修证，故而证得了现证功德。彼时，大成就师却季多吉的眷属中有获得成就的弟子十余人。大成就师视其中这位尊者温萨巴为上首弟子，遂将噶丹耳传《神变书》交与了此尊者手中，以一切本尊和上师为证，授权其为正法之绍承。此后，尊者温萨巴又来到根培山，完全修习一切所见，皆现为乐空的明智禁戒之行，因此，多数心窍迷茫的士夫皆传出所谓“温萨疯子”之语。彼时，尊者温萨巴遵照空行的授记，将不共的耳传教授和《神变书》中的一些时机已到的内容，传授给了贡钦·勒巴顿珠。在三十三岁上来到哲蚌寺，从唐吉钦巴·根敦嘉措受了比丘戒。此后，又去了后藏，遵照本尊和上师的授记，于卫日孜兴建了温寺，为诸有缘化机大转了深广的法轮，特别于此道场中，向克珠桑杰益希（三世班禅的弟子）传授了胜乐、密集和大威德等的全部灌顶事项、包括二次第讲授在内的诸殊胜教授和菩提道次第的经验传授等，特别是如瓶满注地传授了宗喀巴大师不共耳传的亲训教授，赐封为宗喀巴大师的耳传教授之主。如是成办了佛教与众生的广大事业后，便到了自身亲教的化机圆满之时，故将至尊正士·桑结益希授权为自己的绍承，示现了扎刺病状之后，于藏历第九饶迥之火虎年（公元 1566）神变月（正月）廿三日，收摄色身庄严于法界而圆寂，享年六十二岁。此师之听法的亲教弟子亦出现了克珠·桑结益希、贡钦·勒巴顿珠、强敦·玛维旺布（语自在）、尊者·罗追朗杰（慧胜）、法主·格勒朗结（圆胜）、大堪布·诺桑嘉措（善财海）和法主·当曲扬培（圣法盛）等不可思议的无量掌教正士。此后，全部温萨耳传教授就由克珠·桑结益希传授给了班禅一切智·罗桑却季坚赞。温萨二师徒，特别是班禅一切智为了不使部分耳传教授失坏，特笔之于书。对于由温萨巴师徒传出，经朵丹·降班嘉措和克珠一切智传承的如是诸耳传，即以此《神变书》为主的宗喀巴大师之全部耳传教授，就称作温萨耳传。

在多康地区，首宏宗喀巴大师之教法者，是大师的亲教弟子、弘扬佛教于边地的六大旗手之一的麦的强森喜饶桑布（下部的菩萨·慧贤）。法主达杰桑布在色拉大乘洲寺正住持大慈法王的法座时，强森喜饶桑布任副讲师。他正在群贤诲会中广做诸大经论的讲闻时，心中念起若是返回自己家乡噶玛地方，依止诸净戒律，将法统和见行整饬得最极清净，对宗喀巴大师的教法与众生可能有广大利益。此心意被贡钦·绛秋邦觉知后，遂迎请了法主·喜饶桑布，奉以妙供养后又赠送了氆氇一匹、黄帽一顶，对他讲道："我无任何余义。因为你要速返康区，故当在康区于佛教成为利益。"法主·喜饶桑布心中自念：我根本未说过要速返康区的话。他这样讲，难道是我不宜留住于此处吗？反正请示甲曹大师，或许会说暂先留下来的话吧。随即去了甘丹寺，就向甲曹大师禀告了诸情。不料甲曹大师非但不劝留下，反而授记说："汝去康区甚妙。彼康地有一驰名的类乌山[①]。由从此山附近，你所教化的众生和功业会有大发展。"同时赐与了广大的财物送礼。此后，他就来到了中康地带昂曲河与澜沧江汇合处，听说在此处宗喀巴大师赴前藏求学时曾住过一日，亲自得见了十六阿罗汉之圣容并于现在的护法神殿所在地得见过六臂护法之容，故而授记说过未来于此处将会出现一座大寺院。法主强森喜饶桑布看到恰巧时机已到后，便于年四十三岁藏历第七饶迥之火蛇年（公元1437），在宗喀巴大师曾得见十六阿罗汉圣容之处兴建了昌都强巴林寺[②]。在遍智教历[③]中说是建于木鼠年（公元1444）。在法主喜桑之后，是象雄·曲旺扎巴（法自在称）、楚敦·南喀

---

① 类乌山：又名日阿山，在今昌都专区境内。

② 昌都强巴林寺：通称昌都寺。最早为噶玛噶举派类乌齐寺的下院，喜饶森格在1417年或说1437年改建为格鲁派寺院，后由其转世帕巴拉继承该寺的寺主法位。

③ 遍智教历：推算宗教上重要人物的年代之历算学。

班瓦（虚空祥）、吉仲·协饶班孜（慧祥增）和吉仲·贡噶班瓦（喜庆祥）等次第住持法座，广行了讲闻。后来由宗喀巴大师的亲教弟子古交·朵丹巴（证士）或称瑜伽师·畏巴多吉（无量光金刚）之弟子杰瓦·帕巴拉[①]及其历代转世和帕巴拉的弟子希瓦桑布（静贤）[②] 等住持了法座。历代转世皆以正法和财货，完满护持了和在护持着这个寺院。此法统以及吉仲·协饶旺布（慧自在）于藏历第九饶迥之土蛇年（公元1548）兴建了康区塔杰寺和霍尔法王·阿旺平措（语自在盛）兴建了康区甘孜扎西协楚诺布林寺（吉祥讲修宝洲寺），此外还有江热朱古[③]和嘉热朱古[④]及其历代转世；跋苏·却季坚赞（法幢）的化身达擦吉仲[⑤]及其历代化身和称为俄译师[⑥]转生的察雅大小二活佛[⑦]等出现了守持大圣正士世代辈分的诸位师尊以及许多学行兼优的大善知识，他们皆广行了显密的讲闻并于许多地方新建了寺院等，以此将文殊怙主洛桑扎巴的教法大宝弘扬于多康六岗[⑧]的一切地方。

在多麦地区，又最初由法主·顿珠仁钦于藏历第六饶迥之土牛年（公元1349）兴建了甲穹大乘功德昌盛洲寺[⑨]。由宗喀巴

---

① 杰瓦·帕巴拉：义为佛圣天，昌都大活佛。此为帕巴拉一世（1439—1487）。是明末清初统治中部康区（昌都地区）的四大呼图克图之一。

② 希瓦桑布：为帕巴拉弟子，也是昌都寺的第二位大活佛。

③ 江热朱古：帕巴拉弟子转世，昌都寺活佛。

④ 嘉热朱古：帕巴拉弟子转世，也是昌都寺活佛。1535年在该寺坐床。

⑤ 达擦吉仲：昌都寺活佛。传说他是克珠大师之侄，曾任甘丹赤巴第六任的跋苏·却季坚赞的转世。

⑥ 俄译师：即俄·洛敦协饶和俄·勒比协饶二位。

⑦ 察雅大小二活佛：察雅寺的二位活佛。察雅寺建于1681年，在昌都地区察雅县境内。寺内有两大活佛，是清代统治中部康区的四大呼图克图之一。大活佛（正）住察雅寺，二活佛（副）住卡撒丁寺。

⑧ 多康六岗：下区青康六高地。古代藏文典籍中分康青藏为上中下三区。下区青康一带，依水流和山势起伏情形，又分为色莫冈、擦瓦冈、玛康冈、绷波冈、马扎冈和木雅热冈。

⑨ 甲穹大乘功德昌盛洲寺：在青海省西宁境内，1345年顿珠仁钦应蒙古俺答汗之请，在此建寺，就原噶当派古庙扩建。

大师受沙弥戒时的羯摩轨范师循努·绛秋旻等历代堪布完满护持了法座。当第六代堪布洛扎·塔瓦桑布（解脱贤）住持法座时，在藏历第十饶迥之水羊年（公元1583）佛主·索南嘉措驾临此寺，认定了法主·顿珠仁钦的灵塔，用金铜包饰了此塔，以正法甘露使诸多三藏法师得到满足。第九代堪布降巴林巴·丹巴仁钦（教宝）于藏历第十饶迥之水猪年（公元1623）开创了《五部大论》的讲闻，弘广了讲修的教法大宝。

在宗喀巴大师降生地脐血滴落之处，长出了一株高大的旃檀树，每只树叶上都自然出现了狮子吼佛像一尊，大师年廿二岁时，其母曾托人给大师捎去了一封附有一绺白发的要他返回多麦的家信。大师委派本·扎巴坚赞为代表，给母亲和兄长二位捎去了大师自己的一幅画像、胜乐瓶身和狮子吼佛像等，回禀说："于我出生之地翻印十万此像，作为内所依。若建一座以檀树作藏的佛塔，则与我至无别。"遵此嘱托，母亲便负责于彼处修建了一座以彼檀树住为藏的聚莲塔[①]。藏历第九饶迥之铁猴年（公元1560）贡巴·仁钦尊珠（精进宝）以此为基础，扩建了包括庙堂和佛像在内的弥勒佛殿。藏历第十饶迥之水羊年（公元1583），应申中·昂琐（刹土神·内哨）[②] 之迎请，佛主·索南嘉措驾临于此寺，改鎏金大灵塔为菩提塔并扩建了大丛林古本降巴林寺[③]，将先前的律经法主·尊珠坚赞桑布（精进幢贤）任命为寺主。第一任法台后来的律经法主·旻赛嘉措（光海）[④] 遵照

---

① 聚莲塔：善逝塔的异名。

② 申中·昂锁；"申中"是当时居住于寺院附近的六个藏族部落之一的申中族，昂锁是该部族的首领。

③ 古本降巴林：通称塔尔寺。位于青海省湟中县境内。1583年遵照第三世达赖喇嘛索南嘉措倡议，持律法师光海为保护宗喀巴大师降生地而修建。后来逐步扩建，发展成有四个僧院的格鲁派一大寺庙。

④ 旻赛嘉措：即持律法师光海。他是当时塔尔寺住持，遵四世达赖喇嘛之命，分离僧俗，整饬教规。塔尔寺法台，从他开始。

佛主·云丹嘉措之命，于藏历水鼠年（公元1612）创立了讲闻制度。此后，西纳法主，勒巴嘉措（妙海）[①] 成立了举巴扎仓（密宗院）。第十八任法台秋桑·丹白坚赞（教幢）成立了曼巴扎仓（医药院）。节协长老·协珠丹白尼玛（讲修教日）成立了顶科扎仓（时轮院）。这些扎仓的历代堪布都弘扬了显密讲经修道的讲闻，成为文殊怙主教法之清净源地。

佛主·云丹嘉措复派杰赛·顿悦却季嘉措（佛子·不空法海）[②] 住于多麦兴建寺宇。藏历第十饶迥之木龙年（公元1604），杰赛大师修建了郭隆绛巴林寺[③]，创立了讲闻传统，该寺成为奉天承运曼殊室利清朝大皇帝的福田。由章嘉·唐吉钦巴和土观大师二位的历代转世、赞普[④]的历代转世和松婆大堪布等诸多圣贤大士次第住持法座，完满护持了《五部大论》的讲闻传统。藏历第十二饶迥之铁虎年（公元1710），遍智·嘉木漾协巴[⑤]成立举巴扎仓（密宗院），委任长老邓玛沙布隆·阿旺丹增程烈（语自在掌教功业）为本续的讲闻师。

却藏喇嘛·朗吉班觉（尊胜富）于藏历第十一饶迥之土牛年（公元1649）兴建了却藏寺甘丹明久林（兜率不变洲）[⑥]，由其历代转世住持了法座。藏历第十三饶迥之土虎年（公元1758），却藏·阿旺土丹旺秋（语自在佛教自在）创立讲闻制

① 西纳法主·勒巴嘉措："西纳"是居住在寺院附近的六个藏族部族之一的西纳族。勒巴嘉措（妙海）于清顺治六年（1646）成立了举巴扎仓。

② 杰赛·顿悦却季嘉措："杰赛"即杰畏赛布，是尊号。他是四世达赖喇嘛的弟子。1604年，他在青海建郭隆绛巴林寺。

③ 郭隆绛巴林寺：即土观大活佛住持的青海佑宁寺，在青海互助县境内。1604年建成。1723年罗卜藏丹津反清寺毁，十年后修复。雍正帝赐名为佑宁寺。

④ 赞普：全名赞普巴·顿珠嘉措。郭隆寺的第十任住持。他曾于1650年建色阔寺。

⑤ 遍智·嘉木漾协巴：即嘉木漾协贝多吉。

⑥ 却藏寺；位于青海省互助土族自治县境内。

度，任命赛租·扎巴伦珠（名称义成）为讲闻师，以后由热降巴·班桑（祥贤）等历代座主完善护持。

敦隆寺第十代堪布赞普·顿珠嘉措（义成海）于藏历第十一饶迥之铁虎年（公元1650）兴建了色阔甘丹当曲林寺（兜率圣法州）[①]。《黄琉璃》中说建于土牛年（公元1649），松婆说建于铁兔年（公元1651）。果莽副讲师霍尔·阿旺程烈伦珠（语自在功业妙成）[②] 创立了讲闻制度，获得很大发展，有上下参尼扎仓（显宗院）、安巴扎仓（密宗院）和曼巴扎仓（医药院）等四院。由敏珠朱古·洛桑丹增嘉措（敏珠林寺活佛·持教海）[③] 等历代转世住持。

法主·顿珠仁钦的弟子隆务大师·禅旦仁钦（定宝）[④] 于藏历第六饶迥之某年，圆满修建了包括经堂、佛塔、佛像在内的三时佛殿，即隆务大寺德庆曲科林（大乐法轮洲）[⑤] 的最初基础，成立了僧团。楚白旺秋，曲巴仁布钦洛桑丹白坚赞（成就自在·佛教徒善慧教幢大师）于藏历第十饶迥之木蛇年（公元1605），集中热工寺[⑥]上下的僧源，奠定了新建大雄宝殿的基地。师父格丹嘉措（具缘海）[⑦] 于年二十四岁藏历第十一饶迥之铁马年（公元1630），创立了讲闻制度，从政教两方面完善护持，他自己住持了法座。他的二世阿程烈嘉措（语自在功大海）大师

---

① 色阔甘丹当曲林寺；位于青海省大通县境内。由赞普·顿珠嘉措修建。1723年罗卜藏丹津反清，寺毁。1732年修复。雍正帝赐名为广惠寺。

② 霍尔·阿旺程烈伦珠：曾任哲蚌寺果莽扎仓副讲师，后继任甘丹与曲林寺法座。

③ 敏珠朱古·洛桑丹增嘉措：色阔寺活佛，说他是赞普巴的转世。曾受清封诺门汗，故又称敏珠诺门汗或赞普诺门汗。

④ 隆务大师·禅旦仁钦：他是隆务寺寺主，故称法王大师。他是宗喀巴大师弟子。隆务寺在青海省同仁县隆务镇境内。

⑤ 隆务大寺德庆曲科林：是一座扩建了的格鲁派大寺院。

⑥ 热工寺：青海宁玛派一寺名。寺中全是蓄发咒师。

⑦ 格丹嘉措；或称十难论师。隆务寺寺主第一世。1648年又建扎西溪寺。

于年五十七岁藏历第十二饶迥之木虎年（公元1734），成立了举巴扎仓。第三世根敦程烈饶杰（僧业极盛）于年三十四岁藏历第十三饶迥之水蛇年（公元1773），成立了顶科扎仓。由师父格丹嘉措的历代转世住持法座，从教政两方面完善护持，故而讲修事业如上弘月兴旺发达。

千万贤哲之顶严遍智大德·嘉木漾协巴多吉于年六十二岁藏历第十二饶迥之土牛年（公元1709），开始做兴建这座文殊怙主讲修教法之清净源地班丹札西耶苏吉瓦大寺院（具德吉祥右旋大寺院）[①] 的占择吉日和先行的准备等事，后于铁虎年（公元1710）正式修建。对语自在的心传弟子阿旺扎西（语自在吉祥）[②] 吩咐道："令汝任寺主。务必珍重。"授权为法太子，弘传讲经修道之讲闻。后于年六十九岁藏历火猴年（公元1716），成立了举巴扎仓，委任霍尔·洛赛嘉措（明慧海）为本续的讲闻师。二世遍智大师·吉美旺布（无畏自在）[③] 于年三十六岁藏历第十三饶迥之水羊年（公元1763），兴建了顶科扎仓，于年五十七岁藏历木龙年（公元1784），兴建了曼巴扎仓。四世遍智噶桑土旦旺秋（善缘佛教自在）于年二十四岁藏历第十五饶迥之土兔年（公元1879），成立了喜金刚扎仓。五世遍智大师丹白坚赞班桑布（教幢吉祥贤）于年十三岁藏历第十六饶迥之土龙年（公元1928），成立了举堆扎仓等，皆由历代遍智转世住持法座，从政教两方面圆满护持，故而成为文殊怙主宗喀巴大师之显密双运教法之唯一核心。

---

① 班丹扎西耶苏吉瓦大寺院：通译为扎西溪寺，即拉卜楞寺前身。在甘肃省甘南自治州夏河县。

② 阿旺扎西：为嘉木漾协贝多吉的大弟子，并继承扎西溪寺的法座。

③ 吉美旺布：即嘉木漾协贝第二世（1728—1793）。拉卜楞寺寺主中最突出的人物。

在卓尼土司江蒂[①]任职时期，卓衮帕巴[②]大师应元世祖忽必烈的迎请，前往汉地的途中，见到了现在这座卓尼寺的所在地，讲道："就在此处建寺院，于佛教有利益。"并作了令一及门弟子善知识于此处奠基建庙堂等的指示。那位善知识遵照八思巴（帕巴）大师之命，于藏历第五饶迥之木羊年（公元1295），开工首建这座卓尼寺兜率讲修洲或称禅昌寺，当时此寺属于萨迦教派。此后，便由历任土司相继护持。一个时期，由生于土司家族的法主·仁钦伦珠巴（宝顿成）[③] 住持法座。他于藏历第八饶迥之土兔年（公元1459），将此寺院改成了格鲁派的寺院。藏历第十二饶迥之木马年（公元1714），大国师·阿旺程烈（语自在功业）在措钦（大经殿）之外另设了讲经院，委任法主·扎巴[④]为讲经修道的讲闻师。后又由此师于藏历土鸡年（公元1729），倡建了举巴扎仓。此寺院的首任法座，是法主·罗追坚赞（慧幢）。由于从此法主传出的历代法座传承和历任土司们相继以正法与财货完善护持，所以，讲修功业得到了发展。

由于从如是多麦地区的山居噶丹派的诸大寺院以分支和小支的形式，发展了许多讲经院和修道院，所以，戒律清净的比丘就

---

① 卓尼土司江蒂：卓尼是地名，在甘肃省甘南藏族自治州中部，洮河上游。江蒂是土司名，他属萨迦派。

② 卓衮帕巴：译义为众生怙主帕巴。全名是八思巴·洛追坚赞（圣人慧幢）（1235—1280）。萨迦派第五代祖师。公元1253年，随其叔父萨班往凉州（今甘肃武威）会见元太宗第二子阔端，初识忽必烈。1260年，世祖忽必烈即位，他被尊为国师，第一次赐玉印，奉命创蒙古新字。1264年，领总制院事。1266年返藏。荐释迦尚波为本钦。因任之为乌斯藏纳里速古鲁孙等三路宣慰使司，创本钦由帝师荐举，皇帝任命之创。1267年重赴北京。1269年献新字，颁行全国，是为八思巴文，定以后诏书公文一律采用新字，仍以各族通用文字副之之例。1270年，世祖赐以蒙古新字所写僧人诏书，进封大宝法王，更赐玉印，至是统领西藏十三万户。1278年离京返回萨迦寺，自任萨迦法王，本钦释迦尚波管理政事，是为西藏政教合一之始。西藏正式纳入中央王朝行政管辖之下，即始于此时。

③ 仁钦伦珠巴：卓尼土司家人，曾建卓尼寺。后由其转世活佛继承法座。

④ 法主扎巴：即扎巴协珠，是卓尼寺的活佛。

如夏天的大海一样兴旺发达，贤正善良皆具的掌教正士出现之多等同大地尘数，故将佛教，尤其将文殊怙主第二佛陀夏·宗喀巴大师之讲修教法大宝传遍了多麦南北的一切地方，高举不朽的胜幢至三有边际，故使这席一切有情享用无穷利乐大藏的善缘喜宴现于前。

文间偈颂

雪山环绕美丽院，
智库韶华少年舞，
使心改变秘爱人，
召多智者橙海尘。
讲说响达龙喉音，
辩论猛烈匹霹雳，
著作歌出妙音喉，
智慧超空念根多[①]。
三学莲严美从身，
戒馨千万库封开，
除弱众苦施安慰，
意乐持白拂尘媚。
发心如意广凉亭，
讲修金轮十万转，
妙吉祥藏的教法，
遍布三域大地境。
众贤如积橙尘鬘，

① 念根：智者的异名。

亿万数字所难量，
乘如理闻思净舟，
取来见行净宝藏。
经理醉狮发大笑，
击碎邪思千象脑，
竖起全胜白飞幡，
美名传遍三域地。
教证十万新露[1]苞，
饮者寺宇金花多，
佛教辽阔大地严，
壮丽十方数难量。

第三节　正说吉祥无比山居噶丹派的无垢宗规之建立

正如大师世亲[2]所讲："佛正法有二，以教证为本。"教主本师有大慧心者随顺众生烦恼行的门类，所讲的八万四千法蕴，全都依于所诠之门理，归为主要从正面讲说世俗谛的不了义契经[3]和主要从正面讲说胜义谛的了义契经[4]两种和以所化门类，归为专为自己的化机下乘种姓[5]者主要讲说下乘道果的下乘藏和专为自己的化机大乘种姓[6]者主要讲说大乘道果的大乘藏两种藏或者

① 新露：新鲜甘露。

② 世亲：亦译天亲。瞻洲六庄严之一。阐扬阿毗达摩经论的古印度佛学家。著有《俱舍论本注》和《八品论》等。后依无著为师。

③ 不了义经：如《三摩地王经》等，为诱导众生而宣说的契经。

④ 了义经：中观师说主要从正面讲说空性的契经。如大中小《般若经》等。

⑤ 下乘种姓：声闻和独觉种姓。三种姓之一。

⑥ 大乘种姓：三种姓之一。不畏高深道理，以大梵心乐于承担利他事业的种姓。

归为主要讲说增上戒学的《律藏》、主要讲说增上定学[1]的《经藏》和主要讲说增上慧学[2]的《论藏》等三藏[3]，而且一切证法[4]也归为三学，所以，没有不归为三藏三学的教证二法。如是亦如章嘉·若必多吉所讲：

若谁决定知，
三藏诸密意，
善住不相违，
是名大仙教。
任何教派中，
三学诸正行，
善住无过失，
是名如来教。
方便智慧二，
结合能善达，
具空慧精要，
是名大乘教。
离二边正见，
观止[5]平等修，
显密行无违，
是无过胜教。

---

① 增上定学：大乘说为首楞严等三摩地，小乘说为修不净观、四静虑及无色定。

② 增上慧学：大乘说为通达法无我和人无我的智慧，小乘说为通达人无我的智慧。

③ 三藏：一切佛语，依所诠之义理分为三学，依能诠释之文字分为三藏，谓《经藏》《律藏》和《论藏》。十二分教一切文义、色法乃至遍智之间的一切所知，总集于此三者之中，故名为藏。

④ 证法：所证悟法。依何能离欲道谛法和依何所离欲灭谛法所摄之法。

⑤ 观止：观察修和安住修。

这就是把讲说不违背教法三藏的见、修、行和随顺自心修行证法三学，在此之上具足方便——世俗菩提心[①]与智慧——胜义空二者结合的空悲精要之发心称做大乘教。对于这样的教证法大宝，如《俱舍论》中讲道："如理听闻具思维，以此与修遍结合。"《经庄严论》中讲道："彼是习气与证悟，以静遍悟能解脱。"即是说，由于对经教三藏进行了听闻，所以能留植通达各个经义的习气；由于进行了思维，所以能以正量通达诸义；由于进行了修习，所以能以止观息灭烦恼现起并能从种子中解脱。如此所讲，就是以闻思互不分离、互除障碍和互助的方式，渐次修炼己心，以所通达的法增上戒学，能作证成增上生和决定胜圆满福报之共与不共功德的根基；以定学能无余尽除烦恼与所知障所摄的一切过失种类；以慧学能了知总摄蕴[②]、界[③]、处[④]等为基、道、果三位[⑤]的一切如所有和尽所有法并能无颠倒地通达真实义，所以能容易证得解脱和一切智之果位。即将这种由于连根拔除了对如是教、证二法大宝的不了悟、邪分别和怀疑等一切污垢，做到如剔除纯金的污垢，以佛教之根本别解脱戒律清净为基础，对于三藏，特别对于大乘藏中以菩提心、十地、六度广大行和细分无我正理等无边品类而所讲的一切，闻思修互不分离地外守持《律经》所讲的威仪，护持佛教总的规矩，内精进于密乘的甚深实修二种次第的瑜伽，所以能将显密全无偏私地拿来转为

---

① 世俗菩提心：由文字言说可以理解的粗分菩提心。

② 蕴：此有色、受、想、行、识等总名为五种。即蕴积事物一切差别于一处，故名为蕴。

③ 界：六识、六根、六尘等共为十八界。

④ 处：梵音译作阿耶怛那。内能取根，外所取境，均为心及心所诸识未生者新生，已生者增长之处或其生长之门。

⑤ 基、道、果三位：大小乘的见、修、果三位。基位，指抉择正见；道位，指修习行持；果位，指现证菩提。

彼此无违相助的全未沾染微细过失的观、修、行的建立——无垢的清净宗规称做吉祥无匹山居噶丹派，美名犹如天乐传遍了辽阔瞻洲之一切境域。

对于这个如是宗喀巴大师的宗规公许谓格鲁派，如前面所讲，这是以寺院名而命名的。宗喀巴大师修建了甘丹尊胜洲寺，晚年常住于此，根据这一点，就将大师的宗规称做了法主噶丹巴（人）的宗派。为了便于称呼，故而后来就称做格（噶或甘）鲁派，相沿成习而成定名。大师的宗规出现了称做噶丹派的名称，也是《噶当书》中所做的授记，在父法第二十六品《未来授记》中讲道：

最后教法之余烬，
名扎巴者复兴，
许多利乐彼能为，
彼是圣地圣者身。

此中第二句偈颂是预示了大师名字的一部分。“圣地圣者身”一语是预示了由此称作噶丹的名称亦扩展为其教派，这是我等的一些先德所讲的。又传说贡巴饶赛大喇嘛[①]，他在鲁梅返藏时，曾将一顶多余的黄帽赠给了他，嘱咐说：“戴上它，要随念于我。”因此，过去的诸持律大师都是头戴黄帽，所以，宗喀巴大师也作为重振律法大宝的缘起，将僧帽的颜色染成黄色，以同过去的诸律师形成一致，故而大师的教派又称作持黄帽派。此

① 贡巴饶赛大喇嘛：藏传佛教东律初祖，移居青海旦迪（河源）地方。公元973年，从西藏潜逃其地的藏僧三人及在西宁附近寻得汉僧二人受近圆戒。布敦仁钦珠以此年为始计算藏传佛教的后弘期。公元978年，彼为鲁梅等十名卫藏僧人传授近圆戒。仲敦巴以此年为藏传佛教后弘期起算之年。

外，所谓当代新旧宗派的新派，多误为唯指格鲁派。总的来讲，所谓新旧宗派的这个名词，除去新旧密宗外，显宗并无此名。复次，佛教后宏期的起始时间，班智达弥底[①]和大译师仁青桑布[②]等将密宗的经典译成藏文以下，称作新密。将在由此相对引出的佛教前宏期时由译师白若杂纳（遍照）[③] 等所译的密宗经典称作旧密。按照五世达赖所著的《西藏王臣记》以及《白琉璃》所讲，藏历铁鸡年（公元907），吐蕃王朗达玛执政，毁灭佛教，故是前宏期的结束。布敦大师说："后宏期佛教的起算，始于水鸡年（公元973）。"对于此等年代虽有不同的说法，但是，应当把这个前宏期佛教和后宏期佛教的名词，理解为律法。所以，新密者，应当是指从萨迦派和噶举以后，到噶丹派之间的所有宗派，而不是唯指噶丹派。总之，各个宗派，其基、道、果的建立主张虽有诸多不同，但是，主要是以见门来安立不同的宗派的，所以，在此藏地前宏期佛教时，关于正见，法王赤松德赞[④]曾首次颁布法令："凡诸见行，皆应从大堪布静命[⑤]之传规。"在折伏

---

① 班智达弥底：又作弥底扎涅那基底。印度著名的班智达，于10世纪末来西藏，他的译师在途中患胃病死去。由于他不懂藏语，故就在后藏达那地方一户人家中放羊，以后其弟子兼译师索南坚赞出黄金把他赎出，并邀请到多康丹玛地方，仲敦巴等几个弟子向他学习印度的声明学。传至今的《口剑论》，据说是他在当时所著。

② 仁青桑布：（958—1055）。生于古格地区（今阿里）。他是天喇嘛智光派往印度学法的二十一人之一。精通梵藏两种语文，毕生译经甚多。古格王智光尊之为金刚阿阇黎，为建托林寺以居之。他又迎请印度的法护、慧护诸律师，广弘毗奈耶戒。

③ 白若杂纳：8世纪中藏族大译师。生于前藏尼木地方更甲巴阁家中，故号巴阁。是赤松德赞赞普最初命藏人出家时选拔的预试七人之一。后为西藏早期三大译师之一。

④ 法王赤松德赞：他是信奉佛教的一位赞普，从尼泊尔迎请了静命堪布，从印度迎请了莲华生大师来藏，大宏佛教。历史上称他们为师君三尊。

⑤ 静命：梵音希瓦措，亦译寂护。印度一位佛学家，大乘佛教中观学派衍化出的瑜伽中观派创始人，曾任那烂陀寺首座。8世纪中应赞普赤松德赞邀请，先后两次入藏宣说律学、中观，建桑耶寺，任该寺第一任堪布，并剃度了第一批西藏贵族青年出家为僧。死于西藏。著有《真性集》《中观庄严论》等。

了汉地和尚[①]后，藏王又宣布说："今后正见，须依龙树菩萨之教。若有从和尚之规者，定当惩罚。"因此，在前宏佛教时期，虽有少数持唯识派宗见的班智达来藏，然而主要者仍然是大堪布静命和莲花戒论师[②]之宗见，所以唯中观自续派见最盛，这是章嘉大师所讲。从后宏佛教时期虽然出现了萨迦派和噶举派等许多不同宗派，但是，这个山居噶丹派，其见、修、行部分连微细的过失种类也未沾染而住于佛祖密意之精华，而且因位波罗蜜多乘，特别是密宗金刚乘道的建立亦皆住于本续和大成就者的究竟意趣等，这个宗派确有诸多完整的不共别法。然而，这里若将此等皆一一加以诠说，恐文太繁，故当从长期研习宗喀巴师徒之经文中了知之。不过，这个宗派较其他宗派尤为殊胜之理当做一略讲。

一、因位波罗蜜多乘规之见、修、行的建立远离过失之情

（一）见清净，脱离常断二边之理以此中分三：

1. 无偏私地辨认所破，如何破除法

在此雪山之中，产生了历代先贤大多根据见地的不同说法而取见之名称的种种方式，即有宁玛派的"大圆满"[③]、噶举派的

---

① 汉地和尚：即摩诃衍那和尚或称大乘和尚，是最早在藏地讲学的汉僧。他所持论点颇似禅宗，与静命之学大相径庭，因此在当时佛学中引起很大分歧。

② 莲花戒论师：东印度僧人，是静命的弟子。藏王迎其入藏与和尚辩论。和尚词穷，被遣回汉地，从此印传佛学代替了仅传佛学。

③ 大圆满：旧密说，心性自体性空为法身，自性光明为报身，大悲普照为化身。三身一切功德任运圆满，即是诸法真实理趋，故名大圆满。

“大手印”[①]、萨迦派的“明空无执”[②]、香巴噶举派的“大印盒”[③]、塔布噶举派的“俱生和合”[④]、止贡噶举派的“五俱”[⑤]、向派的“唯一白法”[⑥]和觉囊派的“他空”[⑦]等，又有一部分人将空性承认为非有非无，有的人将胜义谛承认为非所知，有的人将胜义谛承认为经得起被正理观察的实有，有的人将平等住承认为无对境和无任何法尔，有的人持有不观察、少许观察和善观察的三个阶段是由心假设之见的主张和持有香塘萨巴[⑧]等的所破有周遍大小的主张等有多种。但是，往昔曾在王顶佛前，于登地菩萨之眷众海会中做过愿于一切不净土中不惜翻体性命，无误清净地弘广离边中观见和金刚乘妙道的发心祈愿，是文殊怙主法王夏·宗喀巴洛桑扎巴班由邬玛巴传语，向文殊菩萨请教了许多法义，特别是大师心中念起“此甚深中观见，若不寻求，则不得道之核心，但寻之亦为极难，故若倒执，较之未得正见之人，错误与过失更大，而若能无颠倒获得圣师徒之究竟意趣该多好”的心愿已住于常念，故而向真正怙主文殊菩萨，主要多做了见地

---

① 大手印：旧密所说究竟果位或殊胜成就，极无变异之乐，与第一刹那所得印证此乐之一切种色，无亏无盈，体性如初，乃至虚空未尽，常住常静，斯之谓印；断、证、心德三大具备，斯之谓大，故大手印。

② 明空无执：见第 34 页注③

③ 大印盒：是修空性与大乐二无分别，如盒函盖相合，从而现证光明的教授。这与塔布噶举派所传的“大手印”同一旨趣。

④ 俱生和合：“俱生”指一切相对事物如有与无，染与净，空与乐等都是同时一齐生起的。“和合”就是使对应的双方结合为一，即达到矛盾统一。

⑤ 五俱：1. 应当先修菩提心；2. 应当观自身为本尊；3. 应当对上师修敬信或谓修上师为本尊；4. 应修分别正见；5. 应以发愿回向作印持。

⑥ 唯一白法：白法，梵语名阿边陀药，是一种能治百病的万应灵丹。这用来比喻乐空双运的大印，它能息一切生死苦恼。

⑦ 他空：即他空见。主要说胜义谛不空，空的唯是胜义谛中其他的世俗性。因为世俗谛是假有不实的，是自空，非胜义谛自体可空。可是，胜义谛若不空，则胜义谛成为有自性了，这与中观所说一切诸法皆无自性，皆是性空，就发生了矛盾。

⑧ 香塘萨巴：香塘是寺名。香塘萨巴系巴曹四弟子之一，建香塘寺，广传《中观》。著有《四百论疏》《中论疏宝鬘论疏》等。

方面的请问。文殊菩萨详细地向大师讲说了应成与自续的差别、如以俱生和遍计的二种我执，如何执着的我、因之所破的细量粗量、通达正见的量（标准）和建立应成派规之世俗的道理等。后来，大师遵照文殊菩萨的教诲，前往避世住修，勤修了积净之后，于寂静处拉顶安住时，又视上师与文殊菩萨无二无别，猛厉祈祷并在详细观察见要中，一夜梦见了龙树菩萨、圣天、佛护、月称和清辩论师等正在就见要进行谈论，其中佛护论师手持一部梵文的《中论》来为大师加持。翌日便得到一部《根本智论佛陀波黎多释》，随即阅读，故对中观应成派的究竟见要与粗细所破界限的掌握方法等彻底生起了非同以前的定解，执相的一切所缘悉皆自灭，无余拔除了将真实义疑为他边的一切增益，如实亲见了真实义，故而著作了甚深妙道中观的理论《根本智论释·正理海》《入中论释·密意极明》和广略《辨了不了义经·善说藏论》等。这个圣者师徒的无上意趣、解脱的唯一根本、一切正见的极顶、吉祥应成派的离边正见——中观妙道，犹如地下的宝藏，往昔于此雪域之境谁都不能使其显现，是此一切智·宗喀巴大师仰仗怙主文殊菩萨之恩德，以数百经教和正理，做了极其详明的解释，授为全体有缘欲脱者的公共财富，这就是较他宗派尤为殊胜的山居噶丹派的无上别法。所以，《入行论》中讲道："未辨假立事，不识彼无实。"如此所讲，首先识别决定所破的要点是极重要的。然而，在此藏地，过去一些学习浩瀚的经义，欲求甚深中观正见的智者不识所破的要点，是以观察生等于真实性中有无的正理来破除从色到遍智得一切，若对如是所承认的怎样者也以正理来观察的话，能经得起观察的尘许亦无，若破除有无等所有四边[①]的话，便承认没有不摄于彼中的法，因而所破就太宽，所以堕入了断边。又有一部分人承认所破应当是一种具足因缘、不从他生、自性不异转、建立也不需要观待于他等三种差别者，因此所破就太狭，所以堕入了常边等。即能懂得依于粗细所破之门理，区分差别法的道理者尚未出现，所以，班旦达瓦讲道：“虽然对自续派做了彻底批判和讲了应成自续二派有优劣。但是，能区分差别的根本关键，在宗喀巴大师未仰仗文殊菩萨的恩德，明确做出解释期间，他人谁都不了解。”所以，在区分所破的粗细界限差别，首先辨认所破上，应成和自续二派的规中，总的都不承认谛实有，承认一切法皆为无实，二派是相同的，故称做中观派。自续派主张一切法虽然无实，但为自体有、自相有和自性有。应成派则承认非谛实有、非自体有、非自相有和非自性有，但承认一切法皆为仅由分别假设、仅由名词安立和仅以名假立，比如瓶，它虽然实无，但根据堪能假立部分的聚合，就能将假立的假有法那个真实无净的缘起所作能作的唯名者安立为瓶，所以，这个所谓“仅由名词安立和仅以名假立”的“仅”字就能断除实有。对于如是安立所破实有或实执之理，自续派除了自体有、自性有和自相有等以外，则将其余的谛实有和胜义有承认为是正式所破。《善说藏》中讲道：“此论师的有关典籍中，讲得不甚清楚。而论师益希宁布的二谛法类与《中观庄严论》及其自释等中亦无正式明示。”《密意极明》中讲道：“自续派之其他可信赖的典籍中未能清楚辨认所破，而《中观光明论》中所说的那个世俗中有之理的反面的有，则了知为胜义或实有。”如此所讲，由那种将胜义中无自性，增益为胜义中有或由错乱所

① 四边：谛实实有为常边、名言亦无为断边、谛实实有名言亦无二者俱有为有边、谛实实无名言当有二者俱无为无边，即有边、无边、亦有亦无边和非有非无边四种。

生的实执而直接展示的似胜义中有——诸现见事，即经中所讲的世俗中有之理的反面的有，则承认为因的所破的实量。此时的所见，则是寻伺而不是根识[①]。《密意极明》中讲道：“因为《中观二谛释》中所讲的‘真实所破不于根识显现’在这里亦同。”若谓此宗规是将由内心为诸事物所安立的自相承认为名言，而将不观待于由内心安立的自体有承认为因之所破的实量的话，那么所谓不由内心安立的外境，是怎样的呢？这就像当魔术师将石子木棍变为马牛时，就魔术师来讲，那个变幻物除是仅由被药咒影响了的内心而安立为马牛外，不观待于那个如此之心的石子和木棍，不是由自体而现为马牛，而是由被药咒影响了的内心所安立的石子和木棍亦有一种由其自体也能显现为马牛的体性。又就被药咒影响了眼的观众来讲，那个现成的马牛则不显现为由内心所安立的自体，而是将那个能现马牛之物执为原来就有一个标准的马牛存在于自位一样，诸凡人是将那种诸事物不观待于由内心安立而由外境自体就存在者称作实有，如是执者，就是实执俱生的执法。《密意极明》中讲道：“非于心显现或非由内心安立，而于外境自体本有者就是谛实有、胜义有和真实有。执为彼者就是俱生的实执。”如此所讲，那种非依于未受损害心[②]前显现而安立，从外境本身上由不共的自体而成立者，就是此宗规之空性的所破之境，并承认那个所破由离一异因[③]就能破除，而被未受损害心所安立的法唯由自体本身就有，不承认它亦为正理所能破除。所以，自续派的宗规虽然承认诸事物皆由内心所安立，但不承认凡被内心所安立的一切皆于名言中有，于是就必须是一种由正量能使未受损害心所安立者坏灭。一般来讲，诸中观大乘师的

① 根识：依存于有形诸根之识，如五门识。
② 未受损害心：指没有受到任何影响的正常心理，就是不颠倒错乱的正确认识。
③ 离一异：非一非异。抉择诸法实性，一异皆不存在之理。

自著中都说："由于自续派承认诸事物为自相有的言词未表达清楚，所以使藏地许多先辈贤哲善言的超群者迷惑不解。说'应成自续二派对于名言中有自相，无有承认与否的差别，因此也无见地优劣之分。'"对此，至尊法王宗喀巴大师根据《般若灯论》和《入中论自释》，明确揭示了自续派承认自相有，而应成派不承认它的关键，将应成自续二派有见地优劣之理引申为佛所喜欢的教理之最胜光明。此宗规安立粗细无我的道理也承认补特伽罗常一自在空[①]为粗分补特伽罗无我，补特伽罗独立实有空为细分补特伽罗无我。若按照瑜伽行中观派[②]，则将色和取色[③]之量——他物实空承许为粗分法无我和将一切法实有空承许为细分法无我。

应成派之宗规，如《入中论》中所讲："无我为度生，由人法分二。"即是将在依处蕴等之上破除所破实有承认为细分法无我和将在依处补特伽罗之上破除所破实有承认为细分补特伽罗无我，所以，依处法与补特伽罗任何一种，都不只是由分别假立，由外境本身而有者才是真正所破。又成为俱生我执之感受的外境之我，是此虚拟[④]时的所破，所以是无。如是即如《密意极明》中所讲："那种执为非仅由前面所说的名词而安立的有，是执为谛实和胜义中真实有以及自体有、自相有和自性有的俱生，而由彼所执的耽著境则是虚拟的实量。"又讲道："如是诸法（事物）之自性——有境不观待于他名言的分别，即将那个非由彼安立的自性称作所破的我。"若谓非仅由分别假立或非依赖分别心而安立的自体有，若是此宗规之要破的我，那么所谓的依赖分别心而

① 常一自在空：古印度一教派所说，不灭故常，无方分故一，独立存在故是自在。

② 瑜伽行中观派：佛教中观自续派的一个派系名。

③ 取色：即视物、看东西。视觉接触外境，以辨别物体形象。亦译眼识取色。

④ 虚拟：就所论事物的两面，假定一面作为定论。

安立的那个分别，是指什么呢？依赖彼而安立的道理是怎样的呢？这同自续派承认没有不是由内心安立的自体有何差别？此中关于依赖分别心而安立之理，即在《优婆离请问经》中讲道：

悦意诸花开，
金室生辉美，
此中无作者，
皆由分别立，
分别心择世。

《六十正理论》中讲道：

世间无明过，
是佛所说故，
世间谓分别，
有何不应理。

《四百颂》中讲道：

若无分别心，
贪等既非有，
正义与寻思，
智者有谁取。

和如此的注释中所讲：“唯由有分别才有，无有分别唯无有。此等无疑犹如于盘绳所假设的蛇，肯定自相不实。”所谓分别，就是这种从无始以来就再再串习说这是色，这是受等而假立为色等的随己所欲的俱生心。由此内心而安立之理，就像当黑暗降于彩绳上时，绳色斑驳和蜷曲之状与真蛇相同，对境若未明现，就会以为此是蛇。此时的彩绳颜色、诸其他部分和此等部分聚合等任何一项，都不能安立为蛇的真正事相，所以，于彼所见的蛇，唯是依据彩绳，仅由分别而假立，因此，对蛇与彩绳若寻求蛇的假立义[①]，虽然全无能得与否的差别，但是，有无此等之上的蛇，却有为名言正量破除与否的差别，所以，蛇上有蛇，彩绳上无蛇的建立是合理的一样，如果将于命名处五蕴[②]上假设之我执为真我的知觉发生了的话，由于那个五蕴的每一分支、聚合、相续[③]和部分等任何一项都不能安立为那个“我”的事相，而且由于除了此等以外，其他性质不同的法（事物）也不能安立为彼的事相，所以，彼仅仅是以分别心，依据蕴而安立的，非自性有。《宝鬘论》中讲道：

士夫若非地与水、
非火非风非虚空、
非识以及悉皆非，
除此岂有何士夫。

此中“非识”以上诸句是说种以每一命名处而安立。“悉皆无”是说明了也不是命名处聚合，所以是讲了诸事物无自性。但是，对于此等唯由分别假设和由分别安立，各自的所作能作则是合理的，这又在《宝鬘论》中讲道：

---

① 义：就是实义或事实。亦可译为外境。

② 五蕴：1. 色蕴，2. 受蕴，3. 想蕴，4. 行蕴，5. 识蕴。佛书说五蕴为人的身心之五种组合成分。

③ 相续：流。自体前前后后众多刹那所成的事物，如年、月、日、时等。

色性唯名故，
虚空亦唯名，
无大[1]岂见色，
是故名亦无。

又讲道：

除名言假设，
凡成有或无——
世间实何有。

以及《密意极明》中讲道："胜义中仅名亦无。名言中除去唯依赖名词而安立的以外，无所有[2]。"如此所讲，所谓假立为名，是谓将实词说成唯假有的实词，所以，实有即破除了常边和由于称做唯假有，故是破除了根本无——断边，即承许为唯名言中有。又如该论中所讲："此等若善了知，就能了知一切法皆需观待而立、没有不依赖他名言而安立的自在性、纵安立何法为有也能不求假立义而安立等。"又将那个寻求假立义的正理，自续派承认为它能观察世俗，而应成派则承认其为能观察胜义。所以，虽然破除了细分所破无尘许自身有，但对于唯由名称和仅由分别而假立，那位已会安立生死轮回的一切所作能作者便不住于自性有等的有边和常边，而且由于在名言中一切皆可安立为唯名称，所以是不住于断边和无边的中道。《迦叶品》中讲道："所

① 大：即大种，有地、水、火、风、空等五类。
② 无所有：空的异名。一切事物，空无所有。

谓有，即谓一概无解，就是二边。诸凡此二边之正中，彼则无所观察、无所展示、非所依、无显现、无知觉和不存在。迦叶，此即中观道，谓于诸法审慎分别。”复次，自续派所谓的将非由内心安立的自体作为所破的那种知觉，如前面所讲，应当承认其为一种未受损害心的无误识，而此宗规则承认这样的无损害不可能，将那个承认由分别心而安立的分别承认为错觉。所以，也将俱生萨迦耶见[①]的所缘[②]安立为唯我和唯补特伽罗，而不安立为蕴等，即如《密意极明》中明确所讲：“这个执我所的俱生萨迦耶见的所缘，即是我所有，而不将己之眼等取为所缘。”又讲道：“彼者就是将诸眼等见为我所有后，而贪著我所有之义，而不是由缘我的事相眼等后而展示。若非如此，萨迦耶见和法我执二者就成为不相违了。法我执俱生的所缘，就是自他之相续的色蕴等、眼鼻等和不为相续所摄的器世间等。”又对于正理的所破，虽然安立实执，但主要是耽著境。《胜观广论》中讲道：“总之，执着所破的分别心虽有无边，然而是指善辨什么是成为一切罪过之本的邪分别后，连根拔除其耽著境，因为彼若退返，一切罪过皆成破除。”这些应当依靠总的学习中观巨论，特别详细研习宗喀巴师徒的诸理论、长久依止通达的善知识、勤做积净等诸多因聚而了知，并非愚修偏信的丑表功师和唯爱咬文嚼字、枯燥对辩的推理者类的行境。又关于这样的所破如何破除的之理，总之，中观论典中讲了无量的抉择二种无我的道理类种，此等皆归纳为抉择法无我与补特伽罗无我的二种道理，因为能系缚生死的主要者那个将我贪著为二的所依，就是补特伽罗和法，所以，抉择无我的主要所依也就是此二者。二种无我，自续派不根

---

① 萨迦耶见：梵语，译为坏聚见或身见。即于无我之处执为有我，是一种我执无明。

② 所缘：就是意识活动的境界或对象。

据空处[1]来分辨，而是根据所破来分辨，而且是根据感受来分辨二我执。应成派是根据空处来分辨二无我，而且是根据所缘来分辨二我执，二派有如此的差别。抉择法无我的主要道理，就是《中观根本智论》所讲的：

非自非从他，
非俱非无因，
诸法任于何，
其生终非有。

这个四边生灭的道理。《了不了义经》中讲道："证成法无我的主要道理，即是四边生灭之道理。"如是就是以四种道理[2]或以金刚屑理等来破除法我，抉择法无我。抉择补特伽罗无我的主要道理是《经藏》和《中观根本智论》中所讲的"于五相寻求的道理"和《入中论》中在此之上，将唯积聚的我说成命名处，唯是由能依唯积聚和破除承认唯形状是我等，就是七相道理[3]。"《入中论》中讲道：

七相都无复何有，
此有行者无所得，
彼亦速入真实义，
故如是许彼成立。

① 空处：空性所依。据以论证抉择空性之处，即事物。

② 四种道理：世界一切事物所有的四种如实情况；观待道理、作用道理、证成道理和法尔道理。

③ 七相道理：以车喻我，由七种道理进行分析：车与零件，是一？是异？是零件依车？是车依零件？是车中有零件？是零件累积为车？是其总形为车？如是确定车无自性，人无我性亦复如是。

以及《善说藏》中讲道："此亦唯以依蕴假设而于彼七相中不得补特伽罗。因为是补特伽罗无我之义，所以达到了缘起的道理。"如此所讲，是根据七相道理来破除人我而抉择补特伽罗无我的。抉择二种无我，也是以离一异和正理王这个缘起因[①]来破除一切边而抉择二种无我的，这在《海慧问经》中讲道："诸凡缘起生，彼由自性息。"即是讲了以缘起的理由来破除一切法自性实有。由于此宗规不承认非缘起的法，所以，承认若有定是观待有和无自性二者。《中观心要论》中讲道：

为因非缘起，
非有任何法，
是故非空法，
定是悉皆无。

《中论》中讲道：

诸凡因缘生，
我说彼为空，
彼由依假立，
此即中观道。

此中所谓缘起之义亦如月称的《显句论》中所讲："是故，诸事物之产生，观待于因和缘，此即缘起之义。"即是将由观待于自

① 缘起因：五大因之一。证成诸法无实之正理王，大缘起因，即对立相违中之相违可得因。如云："诸实有法，谛实不成，以是缘起故。"

身之因缘而生和由观待于自身之部分或命名处或分支聚合而成立说成了观待生和缘起之义。此复，那个所谓观待成立的观待法[①]，不能只比作如种子与水肥，而应该是指能假设的分别，《胜观广论》中讲道：“此中，苗芽无自相实有之性，因为是依靠自身的因缘而生。比如所谓影像脸，是称作他许的比量。就像脸的影像若显现，诸小孩见为眼耳等，它于如是的觉知前是那样的，而不认为如所见之义不是自身的状况，却将那个义执为自身的本性或自体一样，诸有情对于领受和明见的诸法，也不是由如是明见的内心而安立，对于彼义，是根据所见的自性，执为于外境上有其本性，就是增益为有自性的情形。”此外如《胜观广论》中所讲：“诸智者既然是凭依彼理由来破除有自性，并对无自性引生了定解而断除边执见[②]之束缚，所以，这种以缘起因来成立无自性，就是对殊胜方便的最大善巧。”就是以正理王这个缘起的因（理由）将现分作为理由，证成了不由命名处方面而有和将自性空作为理由，成立了任何现分都堪显现，所以将同时破除二边的功能，赞美得较别的道理更为殊胜。复次，由于没有能将空分举为因的其他理由，唯根据缘起之理由而假设的理由力量极大，所以，若能凭依此，获得诸事物无自性的定解，就会容易获得将一切法通达为自性空的见解，这在《入中论》中讲道：

是故以此缘起理，
能破一切恶见网。

《劝戒亲友书》中讲道：

---

① 观待法：对着父亲，自己才是儿子，才成立父亲。即相待论。

② 边执见：于五蕴我，执计常断。把我或五种取蕴，看成是恒常的或断灭的事物，能妨碍生起中观正见。

佛语库珍宝，
即是此缘起，
凡能正见此，
知佛见胜相。

2. 对能诠的经教分辨了不了义，破除常断二边之理

《楞伽经》中讲道：

能灭有无品，
吾乘于世界，
谓无上大乘。

如此所讲，首先应当破除有无二边，以及复又需要观待于对经教分辨出了不了义，如初转法轮之义，将补特伽罗讲说成有等的，就作为不了义，将我执分别的耽著事讲说成自相实有的，是作为了义。如三转法轮之义，诸将三相①讲说成谛实中同有同无的，是作为不了义，诸将依地起和圆成二者讲说为实有，将遍计所执之诸法讲说成实无的，是作为了义。这种安立了不了义之理的建立，也只是所化的意境，以此义不能破除常断二边，所以，诸将现象讲说成与显现为种种缘起的世俗道理符合者，是为不了义，诸将自相的自性空讲说成等味者，是为了义。这种安立了不了义之理的建立，是中转法轮的究竟密意，所以，以此能无余破除常断之边，阐明三乘②的解脱道。这样的安立了不了义之理亦

① 三相：三性。唯识派主张概括一切所知界为三性：遍计所执性，依他起性和圆成实性。

② 三宗：声闻、独觉、菩萨三乘。

如《胜观广论》中所讲："若谓怎样一种是了义？怎样一种是不了义？这是根据所诠而安立的，即将宣说胜义的认为了义经，将宣说世俗的认为不了义经，如是在《无尽慧经》中讲道：'何等名为了义经？何等名为不了义经？诸凡契经，开示证成世俗的，此等即名不了义经。诸凡契经，开示证成胜义的，此等即名了义经。诸凡契经，若有开示种种字积句的，此等即名不了义经。诸凡契经，若有开示甚深难见和难通达的，此等是名了义经。'。"如此所讲，如此经字面所表达的义是义了和不可以承认字面所表达，需要将密意解释为余者，将此二者安立为了不了义，是解释的规则，但是，彼契经之所讲说的那个义达到了彼法的本性究竟，是为了义；若仅由此许不能使彼法的本性圆满，所以需要别求究竟之义者，是为不了义，即根据现象和本性而安立为了不了义的根本，是在于承认无实有，这如《胜观广论》中所讲："所以是将《中观理聚论》及其注释等执为如实讲说了义者，因为是在详广地抉择远离生灭等一切戏论群[1]的胜义。"又如接着所讲："以如是讲说之力能了知不了义，但此中之义不可如所宣说而取，需解说密意后，引述成别义，或虽可如言而取，但此许非究竟真实，既然除此以外，仍需求其真实，故是不了义或需要引义。"唯识宗以下诸承认大乘教诲者虽然也承许讲说无我的经典在破除生等，但是，此宗规不但不破除彼，而且还能以了义那个自性空的要领，无可辩驳地将不了义展现为种种和以堪能将不了义这个种种缘起的现分变成任何的要领，对了义一自性实有的无指望处给以定解，即对经中将空讲为缘起，将缘起讲为空义的道理获得定解，这就是对经教分辨了不了义之理。应当了知，何况对如是甚深契经能分辨出了不了义，就是能知道有一种了不了义

① 戏论群：指生、灭、常、断、去、来、一、异等八种偏见。

的安立方法，这也是宗喀巴大师的恩德。如是在《善说藏》中所讲的：

多闻经典亦于诸理路，
依多辛劳现证的功德，
虽以诸多非低的德聚，
勤修亦未通达此境界，
是依文殊怙主上师恩，
始得善见我以悲心说。

此说唯是坦诚的直述。

3. 分辨所诠义的了不了义，将空性与缘起现为无违相助之理

诸事物，虽然由观待于各自的因缘、部分和能做假立的分别等现为种种，但在了义中自主独立的事物虽然自然存在，也是无实有，即缘起是空义；对于诸事物有自性，做任何建立都不合理，但是，对彼无自性，因果所作能作（活动、作用）的建立则成合理，即空是缘起之义。彼如何安立之理，亦在《中观根本智论大疏》中讲道："倘若多说有自性的空义就是缘起之义，此义为何？"如其随后所讲："空义成为缘起之义，是指能以正量破除有知性的诸中观师，而不是其他人。"此复，既非如将大腹安立为瓶的定义一样，也非如由直接了知某一个的心，就能间接了知另一个一样，也不像以直接诠说某一之言，就能依义引生出另一个一样，而是若能根据对以正量通达了无自性的中观师的心中给以由此知彼之理，把诸内外事物定解为取决于因缘的缘起的话，就会凭依此心本身的能力，将此等决定为无尘许自性实有的空义，而且对于无自性的空的建立，如何获得定释，如是便对于因果的建立，定解愈坚固；对于因果无欺的道理如何明了，如是便对于自性空就能顿然引生出定解，并且正见的理解能增长多少，对于业果的敬重也能相应地逐渐变大的话，就是空现为缘起义和缘起义现为空义。宗喀巴大师讲道：

何时无轮替顿时，
见缘起无欺由此，
遍灭信念境感觉，
尔时见观察完成。

《菩提心释》中讲道：

若知诸法空，
凡依业与果，
希奇此更奇，
奇异此更异。

就是如是以了义那个自性空的要领，使显现种种不了义的无欺的缘起所作能作成为无可辩驳和以将不了义这个种种缘起之显现堪变成任何的要领，对于了义无有自性的无指望处给以定解，就是将空讲成缘起义和将缘起说成空义的甚深义，即以此甚深义这种无畏狮子的妙音大笑，能将唯一佛祖薄伽梵、无上楷范正士及其佛法证成无误清净，以此所证的功德来赞美佛祖薄伽梵。此亦在《善说藏》中讲道："佛将自性空讲成缘起义。吾之上师视此为较余说更加殊胜的无上圣法后，于论师之诸多经论中以讲说缘起之门理赞美薄伽梵。"以及在龙树的《中论》开头有"佛说是缘起"等句，即以缘起甚深义，赞美了薄伽梵。宗喀巴大师亦对此理十分倾倒，以缘起甚深义立论，而讲说了薄伽梵赞《善说藏》。

以对这样的空性之义等持的彼定之力，于出定后将缘起现为如幻化之理，亦是凭依定解现分和空分①的二心，将现为色等的相显现为如幻的，即如《胜观广论》中所讲："就像所现的那种魔术马象，要根据意识决定了无如眼识所见和所现的马象后，才生起定解那种现为马象者为魔术或虚妄之相一样，补特伽罗等是根据于名言识现为无争议和由理智决定了彼为本体实有的自性本空这二者后，才生起定解彼补持伽罗为幻或虚妄之相。"又讲道："昔往诸智者说，由理智对有法显现仅破除了生灭等之自性的空，称作如虚空的空性。此后，自性虽空，但将现为自性的色等之相的显现，称作如幻的空性。同样进入礼拜、巡礼和念诵等行品之时也应当先以观察此等有无自性之理，详细观察后，破除自性并怀着对比的定解而进入礼拜巡礼等事，学习现为如幻，于此状光中做彼等事。若知其要领，由于在定中修习了如虚空之空性，故能以此力于出定后就会善知如幻之空性的诸出现之理。"由于比照了如是自部上下乘的一切宗论师将那各自的见地安立为离边的中观派之理，特别是中观派与唯识派的其他大乘师安立离边中观义之理以及所做的诸如幻的建立等，所以较下下宗派，上上派的诸主张就更成枢要，正理亦愈趋微细，是故，若能善知难解之处、唯由此宗规才能消除一切微细边的道理、安立显相为妙幻之理亦与他宗根本不同有极深奥的差别之理的话，总于龙树师徒，别于一切智·宗喀巴师徒的善说，就会生发出引自正理的真实坚定的信仰。因此，如龙树大菩萨所讲："善趣若真欲解脱，唯于正见当修习。"对于在修证增上生人天果位和决定胜解脱与

---

① 现分和空分：即方便与智慧。

一切种智之道中这个其诸因中不可或少的世出世的清净正见，应当以闻思来断除增益，集中精勤实修。复次，世间正见，就是那种对善恶的取舍和业果获得坚实的胜解决定，出世的正见，唯是这个无颠倒地通达四谛十六差别[①]和无我义之见，这是对生死的根本我执能直接破损的究竟对治，所以，对此合理的犹豫[②]仅一产生也能远离一切有苦，即如圣天所讲：

福少于此法，
不应生犹豫，
仅因一生疑，
亦使有破碎。

以及吉祥月称也讲道："当到佛教最后时，于此最极甚深处仅刹那信受，缘分亦最极善妙。"宗喀巴大师也讲道："中观经论中所讲的所有正理观察，皆是唯为证得有情之解脱。"如此所讲，总之，不论在闻思修任何时候，能将审慎伺察作为一种对标准的经教和道理的确证，至为重要，以及如果诸如是观察也成了见为获得自他之解脱和一切种智的方便之因和能成为一个为殊胜的时间等起[③]所摄受者的话，就与即此无上本师和诸大乘师以巨大奋力所作的一切教诲之意趣相随顺，所以，由此看来，上乘大善知识，以及正依怙等诸具足如理观察之智能者，若能总于诸大乘师之经义，别于宗喀巴师徒的一切殊胜善说，闻思全不偏颇，

① 四谛十六差别：即四谛十六行相。四谛分别各有四种行相：苦谛四行相、集谛四行相、灭谛四行相和道谛四行相，总为十六。

② 合理的犹豫：犹豫之一。犹豫之能引生合理认识自境之正确心识者。如思"声是常耶，抑无常耶？大概很可能是无常。"此一犹豫，能引生了知声是无常之心。

③ 时间等起：受沙弥戒、比丘戒时，想顾缘中，时间等起为知得戒。谓从授戒仪轨中，行一启白三羯摩后，即自启、告业毕时，即得戒。

将文义的布局学到优胜，无不齐全地成办诸多内外众因后，依止观双运法门，首从辨认所破起，直至现空①现为无违相助之间而能修习的话，便唯于此道之中一切地道②的功德皆如堆积而生，即于基位时以二谛成为双运之要，道位时由现分方便分；果位时从胜解信、厌离心和慈悲、菩提心等至世俗幻身之间便产生无不齐全的福德资粮，并且凭依这样的深广双备或者方便智慧双运的修习，破除有寂二边，果报二身双运转的一切智位就容易成就，这如《六十正理论》中所讲：

士夫以此善，
集福智资粮，
愿从福与智，
得净妙二身。

（二）修清净，远离昏沉过失之理

此复，藏地诸多先辈认为一切修唯是安住修，观察是只能断除增益和使心散乱，故执为过失，而将修行安住分③作为主要者，因此，全不区分沉没与修的差别，将诸细微的沉没误为清净的修，说什么观察修和安住修会成为相违，这是极不合理的。宗喀巴大师总的破除了修时唯需安住修，依照大德·莲华戒论师所著的《修次第论》等中所讲的“应观察修时观察修，应安住修时安住修，应止观交替时如是修。”的修习方法和三摩地无过修法的决窍要点，以及《慈氏诸论》《瑜伽师地论》和《修次第论》等中的详广解释等，从依止止观各自的资粮；所缘的差别；

① 现空：即现分与空分。简略为相空。即方便和智慧。
② 地道：大乘菩萨十地和五道的简称。
③ 安住分：心在定境上持续留住，不向别处流散的部分。

观察修与安住修的品类；九种住心[①]的方便；五种罪[②]与断除彼的八行[③]；以六力[④]与四种作意[⑤]使九种住心如何成就之理；同分止与同分观成就的量；由此性相完具的止观，最初分别所成的量；此等的程序；由此止观双运的三摩地成为性相完具的量；于此等的初中后三期中觉受如何生起法；身心生起验相的差别；散乱与掉举的差别；以何对治能消除此等之理；正念与正知二者的认识和此二者当于何时如何施用之理等每一项上，如实而无误地明确抉择了彼等大乘师的意趣。以上这些，根据《菩提道次第广论》中关于修学静虑的实质寂止的方法等所详广讲说的那些，就能了知，故现不拟于此广说。不过，一些远离过失之修的别法，当略讲一二。总的来讲，修，有观察修和安住修两类，其中前者，就是以妙观察慧进行观察，后者，就是内持其心，不使从所缘流散。是故此又由于若无住心的坚固分，纵然观察力量也小；而唯以住于不观察，少许增益也不能断除，所以就像砍树需要劈斧刃利和斧柄坚实二者皆备一样，对于斩断烦恼的束缚，首先需要灭除粗重[⑥]的系缚，即应摧灭辗转增长颠倒对境的势力留存于内心的习气和摧灭长养那个前后生起贪爱彼颠倒之习气的耽

---

① 九种住心：就是修定后意念高度集中，精神逐渐处于极端宁静状态的九种情况：从外境中内收其心，使住内境，是为内住；内住之心，不他散逸，是为续住；数敛此心，使渐微细，是为近住；三摩地德，积而生喜，是为调伏；观散逸为过患，息灭不喜三摩地心，是为寂静；息灭一切贪及不悦等心，是为最极寂静；励力求得无功用性，是为专住一境；此心任运，住平等舍，是为等持。

② 五种罪：即五堕，五犯聚，五种罪聚。指违犯比丘戒律的五种罪，即他胜罪聚、众余罪聚、陨堕罪聚、别悔罪聚和恶作罪聚。

③ 八行：八种断行，即一住心、二欲求、三勤奋、四轻安、五正念、六正知、七作行思、八正住舍。在修定时应用这八种方法来断除妨碍修定的五种过失的出现。

④ 六力：修止过程中能成九种住心的方法，有闻力、思力、正念力、正知力、精进力和串习力。

⑤ 四作意：修定时引心趋境的四种警觉性，励力运转作意、有间缺运转作意、无间缺运转作意和无功用运转作意。

⑥ 粗重：身、语、意不堪能。

著现起此二者。因此，前者应以胜观断除，后者当以寂止断除。《菩提道次第广论》中讲道："此中粗重，是指留存于心相续内，能使颠倒的对境辗转增长的习气，相，是指长弄那种前后所生的执着颠倒的对境之习气。《般若波罗蜜多论》中讲了'前者以胜观断除，后者以寂止断除'。"所以，首先寂止的修法，是按照《修次第论》和《瑜伽师地论》中所讲而修，故而生起身心轻安的定。此后，由于修习了能生发无颠倒定解真实义之智慧的胜观，故能无余断除烦恼种子，从生死轮回中得以解脱。此道理在《释深密经》中讲道：

众生若修习，
胜观与寂止，
能从粗重缚，
相缚得解脱。

如是在《修次上篇》中讲道："如是固心于所缘，以智慧观察。"《菩提道次第广论》中讲道："在寂止未成之前，虽以妙观察慧观察无我之义，其心亦如处于风中之灯非常动摇，所以，无我的义共相[①]亦不明显。若在何时寂止已成时观察，便破除非常动摇的过失，故而无我的义共相就成明显。所以，胜观中的心不动摇部分是从无分别的寂止中产生，而通达真实的部分则非从寂止而生。"又讲道："寂止若成，不仅能破除如理观察无我的智慧动摇之过，而且以修习无常、业果、生死过患、慈悲和菩提心等的妙观察慧而修一切观察修，也会由于流散于所缘的过失退返

① 义共相：概念共相之一种，但存在于思维过程中之增益部分，即心中现起的外境形象。如思维中所现抽象之瓶。

后，其心趋于诸凡各自的所缘而不另驰散，因此凡修何善悉皆力大。在未获得寂止之前，大多流散于别的所缘，因此，所修善行悉皆力小。《入行论》中讲道：

自心散乱人，住烦恼齿间。
虽经长时修，念诵苦行等，
以散乱心修，佛说无义利。

就是如此等详细所讲的止观的次第决定和此二者不成相违，彼此成为互助之理。又依何所缘来修寂止之理，《菩提道次第广论》中讲道："持心于佛修，就是随念佛，故能引生无量福德。彼佛身相若明显而坚固，能作礼拜、供养和发愿等积集资粮之田和能作忏悔、防护等消除罪障之田，故此所缘最为殊胜，如前面所引《三摩地王经》中所讲，具有临终时随念，佛不退失等的功德。若修密乘，对本尊瑜伽有最为殊胜等许多意义。"又讲道："所缘境亦非指画塑或铸造等之相，应当修学使现为真佛形象。"又讲道："是因为，由于定不是于根识而修，是于意识而修，所以，定的真正所缘境，是意识的亲所缘，故应持心于彼。"若谓沉没和昏聩二者之差别是怎样的？这如《菩提道次第广论》中讲道："沉没，诸可信的巨论中多未明显确定，故觉难以了知。但显然非常重要，因为显然很容易将其误为无过失的定，故应按照《修次第论》中所讲，从体验上细心认真观察而认识之。"又讲道："雪域的大多数修禅者显然是将一种不流散于其他对境而安住，然无澄净的心昏聩承认为沉没，这是不合理的，是因为，由于经中是把昏聩讲成了沉没的因，所以此二者是不同。"即是说，由于辨认沉没与昏聩，尤其辨认粗细沉没之差别法难行，而且未认清此，所以藏地的一些先师亦将微细的沉没承认为修，于是三摩地就成了有过失。若谓此宗规是如何辨认沉没的？是如《修次中篇》所讲“何时或如天生盲或如人入暗室或闭目，其心不能明见所缘，当知彼时已成沉没”。和如《菩提道次第广论》中所讲“沉没，是由于心执持所缘的感觉松弛后，记取所缘极不明显或坚固，所以虽有澄净部分，但所缘的感受若极不明显，就成为沉没”。总之，所谓沉没，应当按照当时情形，理解为堕或沉等许多义理，所以就像沉入水中、溺于泥中和心智不明一样。对此，亦当从其含义上寻求，即应当根据一心专注所缘的策举高低和明显力大小来详细分辨粗细沉没的差别，即如《答问·善慧发笑妙音》中讲道：

修习不动摇定时，注意力若有稍失，
是被细沉没掌握，无力若有澄净分，
是中沉没已来临，若无澄分沉没大。

当心专注着所缘时，虽有形象的澄净部分，但感受的明显力稍微散失，就是细微沉没，彼时没有感受的明显力，只有形象的澄净部分，就是中等沉没；又彼时无任何感受的明显力和澄净部分，心的策励太放松而涣散，就是大沉没或粗分沉没之义，是为诸智者所承认的。昏聩，如《集论》中讲道：“何谓昏聩，就是属于愚痴部分的心不堪能性，做一切烦恼与随烦恼之助伴的事。”就是对任何所缘，不论怎样记取形象，心身都沉重而不堪能，是含糊不清形式的心所，承认为是愚痴部分。由于沉没是从昏聩而生，所以此二者不同，沉没有善和无记二种，昏聩是不善和有覆无记任何一种，承认唯是愚痴部分。掉举和流散差别，掉举，如《集论》中讲道：“何谓掉举，就是属于随可爱相而转的贪著部分的心不宁静，作障碍寂止之事者。”就是说，其所缘是合意而可爱的境，行相是心不宁静，向外流散，是贪的部，故以爱的方式随境而转，作业是障碍心安住所缘。所以，掉举和流散的差别，也是掉举和散动二者，在做使与各自相应的心流散于他处或散动之事中虽然相同，但由于贪著而流散是掉举，由于别的烦恼而流散是散动，即在《菩提道次第广论》中讲道："若谓由其他烦恼使心从所缘境散动于他处流散和如是流散于其他善所缘，那是否掉举？答：掉举，是贪著部分，所以，由依其他烦恼而散动，不是掉举，是二十随烦恼①之一的散动心所。散乱于善所缘，由于能成为善心和任何一种心所，故非一切散乱皆是掉举。"所以，诸智者就将由贪爱使心的一部分从善所缘流散他处说成细分掉举，将由于贪爱使心的大部分善所缘散失后，令心散乱于他处讲成粗分掉举的名称。如是应当以断除五重罪的八行、六力、四种作意和九种住心等来如理修习寂止。又关于如何获得寂止之理，虽然以所串习之力，修成第九住心，就能无功用地心进入定，但是，倘若未得轻安，除了类似寂止外，不安立为已得真正寂止，由于未断身心的粗重流，所以，心便自然成为不分别；而若获得了轻安，就远离了身心的二种粗重，故能指使身心于善事，而且变成堪任，故而安立为已得真正寂止。《波罗蜜多教授论》中讲道："乃至未生身心轻安，是随顺止的作意。何时轻安生起，尔时即是正寂止。"《修次中篇》中讲道："如是修止者，其身心何时成为轻安，并能如其所欲，心随所缘而转，当知尔时是寂止已成。"《菩提道次第广论》中也讲道："获得此定者有得与未得轻安两种，所以徜未得轻安，是类似寂止，不是真实寂止，故称做类似寂止的作意。"若谓所谓身心轻安是怎样的？

---

① 二十随烦恼二十随惑：五十一心所之二十：忿、恨、覆、恼、嫉、悭、谄、诳、憍、害、无惭、无愧、昏沉、掉举、不信、懈怠、放逸、忘念、散乱和不正知。

这如《集论》中讲道："何谓轻安，就是为断除身心的粗重之流，故做消除一切障碍身心堪能之事者。"由于不能将身心全如所欲役使于善事，故当断除烦恼时，身心沉重等的不堪能性，就称作身心的粗重。那个如是身心不堪能性退返后，心于善所缘随转无阻，就称作身心轻安。《菩提道次第广论》中讲道："身心的粗重，就是不能全如所欲，指使身心修善事，能对治此者身心轻安，是由于远离了身心的二种粗重，故指使身心于善事极有堪能。"又讲道："完备这样的身心堪能，也是从初得定而有微细部分出现，故是由其逐渐增大，最后成为轻安和心一境性寂止。"虽然获得了如是身心轻安的定，但是，仅仅此定连安立为下乘的道也不可，何况大乘，即如《菩提道次第广论》中所讲："是故，外道仙以世界道，于无所有以下之下地能离贪著者亦须由依此而趋赴上道，所以，此定是外道和内道两宗所共同。"又讲道："此又若被无颠倒通达无我之见和彻底了解一切生死流转的过失后，厌离生死而追求解脱的出离心所摄持，就成为解脱道。若为菩提心大宝所摄持，亦能成为大乘道。"如此所讲，我等追求解脱者，不应仅以此许三摩地就执为满足，而应当生发出无颠倒定解真实义的智慧后修胜观，对止观双运的瑜伽发起勤修。复次修成双运之理是怎样的，即如《菩提道次第广论》中所讲："由于从何时获得胜观之最初起，就成已得双运，所以此中道理，经中也就讲成了这个在凭依先成的寂止，修观察修时励力运转等四种作意便渐次而生，是故在生起如前所说的第四作意之时就成为双运。"又讲道："若谓彼如是者何故名为双运？答：由于在未得止观之前，由审慎分别的观察修之自力不能引生无分别的安住分，所以，观察修与安住修二者必须分别用功修习，既然获得彼二者后，由修审慎分别的观察修本身就能引生寂止，故是双运。此中观察，即是胜观，而住于观察的最后，就是殊胜的寂止——观空性。”如是师尊之宗规、山居噶丹派的教规与风规、成为佛教精华——增上定体性的修，依于远离昏聩的过失又最极清净的门理而特别殊胜之理，就有许多可讲，然因太繁，故若简言此等之要义，即在吉美旺布大师所著的《噶丹教派源流》中讲道：“就修行事说，是特别殊胜。而西藏的诸禅师新修寂止时，则将安住分作为主要，充分策励其心，弃舍了集中精力住于无分别后，既涣散了心的策励也放松了充分集中精力，故说‘完全放松，就是最好的修’是因为未分辨沉没和修二者之差别，故而低劣。而是宗喀巴大师随行圣者无著昆季之文义，抉择了新修定时不可仅以安住分而为满足，需要具足明分（亮度）之力，此亦是遵照佛的本意，准确地抉择了根据九种住心、六种力、四种作意而新修定之理、以正念和正知发挥效力之理、粗细沉掉的辨认和止观双运的瑜伽修法等，故而具足了增上三摩地之殊胜功德。”

（三）行清净，护持噶当派师纯正行迹之情

如《妙臂问经》中讲道：

如诸庄稼依于地，
无有灾害遍生长，
如是依戒胜善法，
慧水滋润故生长。

如《大涅槃经》中讲道：“戒是一切善法之阶梯，如此是树等之根基。”《劝戒亲友书》中讲道：“戒是一切德依处，如动不动依于地。”如此所讲，增上戒学是增上生与决定胜所摄的一切功德之根基或根本，依此得定，由此生慧，所以决定了三学的次

第，特别是定学，需要以戒律清净为本的理由，亦在《集论》中讲道："能修定之主要者，是念与知，此又由戒力而生。"《菩提道次第广论》中也讲道："戒律是为根本，以余二学从此生故。"即是将前二学处的根基或根本，讲成了戒学，就是在三种戒律中，律仪戒也是后二种戒的根本。《摄抉择菩萨地》中讲道："此三种戒中即如此：由此律仪戒能概括和能和合，因为若守护彼，余二戒亦成守护；若不守护彼，余二戒亦成不守护。"《菩提道次第广论》中讲道；"以经中多说律仪戒是后二戒之根本与依处故。"如此所讲，从损害他人及其事因中意退返的守护之心就是戒律的体性，所以，彼之根本亦唯是近断诸性罪①的律仪戒，而此中又有七类别解脱律仪，其中这个出家律仪，由于唯是一切律仪之最上和佛教的根本，所以，念起佛教基础之必不可少者唯是《律经》以后，宗喀巴大师便在此雪域之境以一切方式，从根本上为佛薄伽梵之佛教大宝创立了重要的清规，而且做了极大的弘扬，是依于如是宏恩原德，戒律清净的践行清规——吉祥无匹山居噶丹派，无一能比地如风一般遍布于整个南瞻部洲。如是如克珠·唐吉钦巴讲道：

空言讲修象征性善行，
故使佛教只剩虚名时，
三学教证一切佛正法，
师将此等显扬如丽日。

就是如此所讲，在宗喀巴大师未出世前，在此雪域之境佛教只剩影像，比如传戒时，休说坚固、贤善之德兼具，仅近圆戒也

① 性罪：不由佛制，本身即是罪恶。如杀生等。

不受地作他人的亲教师；于彼闭修界内住着诸多不属于业列之比丘而行余事；如诸纵属于业列者亦唯行不同的装束和威仪等不远离二不顺法；纵行所修，也开始就认为不能戒除如饮酒和午后食或者只打算戒除几日等全不远离五择定[1]；应具之行相和服饰，连起码代替物也无有；出家资具与钵盂，却付以碗以下之器而为代替；轨则是虽半句亦不得有误，但也是照本念读等使诸实行全成过失。又中期守护的情形，在以讲、辩、著等之方式勤修闻思时也饮酒和非时食，以及连上流的在家人也认为做起来是可耻之处的唱歌、跳舞等种种放逸的玩耍全都照行，而且还说什么这是为了认真勤修闻思而养身舒体，故无过失等完全以可以放任戒律的不知羞惭之言，向大善知识夸耀；盛行身着新袈裟以上、饮酒大醉和淫荡等为在家人所破斥之业亦皆放逸而行，甚至还沾染了连出家人的装束也故意抛弃的恶习，连敷具、钵盂和锡杖等沙门的资具亦难认识，至于上衣、下衣、小幅和法衣条幅缝合等更是闻所未闻，何况实行等等此诸情形全如大师传记《正信之岸》和《佛教除污》等中所讲。在此如是决心破斥法《律经》之戒律的佛教最后五浊罪恶最极出现的世界末际，是此宗喀巴大师为了使守持正法的宏誓大愿之法力现前，于此北方雪域之境复兴佛教大宝而乘愿降世，能使能仁之一切显密教法大宝增广和久住的根本，唯是律法大宝。然而，于一段时期此已十分衰败，故而大师心中不忍，唯为将此已衰者恢复，如上面所讲，首先为了缘起之故，修复了真起寺的弥勒佛像，并创作了弥勒赞《梵冠》，连同三种法衣、钵盂、锡杖、敷具和滤水袋等沙门之无不齐全的资

---

① 离五择定：诸比丘、沙弥受持终身戒时，必须远离逆缘，即五择定。此在比丘，必须正离，在诸沙弥，须近似离；若以为于具此顺缘之处，则当守护，若于余处，则不守护，为处择定；于某年月，则当守护，至余年月，则不能守，为时择定；除斗诤劫，余皆能守，为生世择定；除怨敌外，不害他命，为有情择定；除重戒外，余诸轻戒，则不能守，为支择定。离此五者，别解脱戒方得生起。

具一起，做了敬献。以此方式，广做了从基础上复兴律法大宝的发心和誓愿，在涅驻锡时，为佛塔敬献了金粉大供，向众多化机说了律法多次。《律经》中的细而又细的遮界，甚至撒净水以内，亦全然照行，不使失坏。全体师徒于一切行住的期间亦皆守持三种法衣为主的沙门应具的行相和装束，故而持律上师之美名传遍了一切地方。在朗孜顶，三位法主[①]聚会一起，完美地建立了《律经》的实行制、《十七事》与《广戒经》中所讲的微细遮戒以上和如《律经》所讲的执行清规，并将化机亦安置于彼规。甚至在兴建甘丹寺中，施土石工程时亦将《律经》宅舍事所讲的诸规则，毫不缺少地亲自付诸实行等，纵然在此末世，亦同最初的僧伽复出一样创下了弘扬律法大宝的如此宏恩大德。这如克珠·唐吉钦巴所讲："现今，西自迦什米尔，东至汉地之间的一切地方，沙门这行相与装束皆成如此清净，戒除酒与过午食，甚至授受、撒净水和夜不多眠等每一微细学处，皆如法认真实行，符合沙门之行，能如此普遍，这些若不是我等之具德师尊宗喀巴的恩德，能依靠任何他人而有吗？应当详思为祷。"如是在佛自己的授记中也讲道："何处业亦有，殷重修行亦有，彼当名为正法存在；何处业亦无，殷重修行亦无，彼当名为正法坏灭。"即是讲了佛教存在与否，是以有无《律经》的实行而安立的。然而诸多不解此要义的蛮悍者却说："证得正见和直见心性为重要，正行不重要，那仅仅是为了有益于不堪成为展示正见之法器的纯根化机。"有的人说："我乃密乘瑜伽行者，故无须希求别解脱。"有的人说："诸大乘人不但无须观待于别解脱，而且还应舍弃彼。别解脱律仪，是由作意自则而动念的律仪，所以那种思想若不退返，菩萨律仪就不生起，因为菩萨若生彼思想，

---

① 三位法主：即宗喀巴、仁达瓦和郊乔白桑三位法主。

便舍弃诸菩萨律仪。”云云等，是在讲说不分别别解脱律仪和下乘思想的谬论。如是又说：“勤修静虑，因为心要贯注于内，所以是舍弃对一切经论的闻思、阅读和听讲等。此等除了唯解外知解外，当思维内心的真实时，就是散逸之因。虽不做上述闻思等诸事，也能唯从上师的要门中通达真实。”此外又说：“修习坛轮和念诵殊胜的陀罗尼①等讽诵、礼拜和敬奉供养等，皆是有戏论的善行，所以应当舍弃这些，唯修无戏论真实义为妙。”又说：“修真实义时无须求得随顺正理的定解，可以全不作意地置寻常识于原状等。”这些信口乱讲未解法要的言论，完全是其心中了置教法为有污之大魔的最下流的胡言，此等皆不应理，因为能修习咒悉地，其基础唯戒律清净为重要，故若无此，就生不出如续部所讲的功利，因为在《文殊根本续》中讲道：

念诵若毁戒，
此无胜成就，
亦无中成就，
又无下成就，
能仁未曾说，
毁戒咒能成。

因为在《妙臂问经》中讲道：“咒本首为戒。”和在《本续》中讲道：“外护声闻行；内极喜密集。”此外，未受别解脱戒的在家咒师，也是除了个别特殊的遮戒外，一切别解脱戒亦当守护。这如《妙臂向经》中所讲：

① 陀罗尼：梵音。义为总持、执持。以持久不忘诸法词义的念力和神验不测的智力为其本性，以受持善法，遮止不善法为其功用。

佛我所说别解戒，
清净全指毗奈耶，
除去形相与仪轨，
余当在家咒师行。

以及又讲道："于持密乘律仪时，外、密、三乘亦皆应，分别执持诸正法。"这是无量光如来的三昧耶。"于大殊胜业类中，应将一切相应戒，分别持为唯清净。"这是不空如来的三昧耶。即是说，在此二者之时，依次将三乘正法持于不弃和将所承诺的一切戒律持为清净等亦纳入五佛的三昧耶中，所以，修行密乘道的瑜伽师更应当重视戒律。如是善知识敦巴讲道："有一类人依律排斥咒，依咒排斥律。除我上师之语旨传承外，无余能使律为咒之助伴，咒为律之助伴。"又讲道："虽学多法，然若需求别的修法之规，实为错误。"善知识夏惹瓦讲道："总之，出现任何祸福，皆依于法。其中若亦依止《律经》所讲，无须再讲，是心能清净、堪能观察、心意安然和最终善妙。"《菩提道次第广论》中也讲道："由见此等之中少有开遮不同之分，即执一切皆如寒暑一般相违者，是显自智极粗浅耳。如是唯除个别特殊的开遮外，诸佛经极相随顺。故若进入上上三乘或五道，必须完具下下乘道之功德种类。"又讲道："若未获得如是知解，于一种法获得一分相似决定，便谤诸余。特别于上乘，若生起一种似胜解，便如其次第遂谤弃下乘之法藏与诸到彼岸，即于密乘亦会谤舍下三续部等，故会造积极相系屑、甚易生起和异熟尤重之毁谤正法的深厚业障。"又如该论中所讲；"若起是解：诸大经论乃是讲说法，其中无有可修要旨，别有开示修习心要之教授，遂于正法执有另外讲修二法，应知这是于无垢的显密经典以及无垢的释论起大敬重而造障碍。说彼等中不显内义，唯是开解广大外解，执可应轻毁之处，是集诽谤正法之业障。”

如是宗喀巴大师之殊胜宗规，即此山居噶丹派，其见清净，是守持圣师徒之意趣精华——吉祥应成派之无垢主张的宗规；修清净，是如实无误地如理修习诸大乘师善释了佛之密意的一切论著所讲的三摩地体性——止观瑜伽；行清净，是在外严守《律经》所讲的纯正威仪中，内修二次第甚深瑜伽，全不违越三律仪的微细制戒界限地守护清净戒律，珍若眼睛等，这种因位波罗蜜多乘中，由见、修、行三门而殊胜之理，是如以上略讲。如是，伟大的五世达赖讲道：

希有传记具净戒，
大志大雄菩萨行，
乐空二次瑜伽行，
愿谒洛桑佛教法。

文间偈颂

智库千日光波使，
慧莲美瓣皆绽开，
离边妙语千万香，
遍布方维名无上。
龙树深意大海界，
辩才劲风所提出，
离边中道甘露藏，
无误受用非尊孰。
强手力握教与理，
大发论式憍笑声，

偏私论敌千象军，
顿摧胜鼓擂有顶。
所修定稳大地中，
十万众德莲园灿，
除惑热恼做劝慰，
施凉白拂媚态持。
玛拉雅风三戒净，
遍及周围诸金山，
何人不说于末劫，
僧伽初聚又现前。
法藏显密双运道，
降自慧心者发际，
善说圣地恒河流，
得于末劫是缘严。
佛教日从劫云中，
尽显讲修净千光，
照陲教证莲花园，
成为有情利乐福。

二、果位密宗金刚乘之基、道、果的建立如何承认之理

（一）基位的主张与初次第道的建立

藏地先师，大都对四续部分别安立法的差别、如何安立无上部之理、四续部各自的成就、修道时堪为法器的不同身心之灌顶的差别、依何灌顶能成何果的功能安立之理和密乘律仪于心中生

起之量等，皆未如本续和大成就者的本意而通达，而且应以何者为主的关键也未了知，出现了诸多杜撰的说法，因此，多数晚辈当修持密乘道时也缺少重要的不共必须法，以及从践行方面也产生了诸多不净的过失。因此，宗喀巴大师昔往于王顶佛尊前愿于五浊横流的诸不净刹土显扬大密金刚乘妙道，弘扬密乘与中观见结合的佛法精华的发心和誓愿之法力便即现前，故而于此雪域之境出现了如前面所讲的将密乘教法大宝光显如日之情，特别是并非仅仅阐释每一特殊续部的说法和修持要领，而是将浩瀚的大密续部之全部要义阐释为总纲之理，即从汇集了大金刚持之道次、进入密乘的门径和灌顶的建立等的极清楚的根与外境本身上，就四续部各自道的总建立，以及曼陀罗的绘制、入门和灌顶等，向全是无净典范的班智达和得成就者之经典，寻求了根据，以引自正确理路的破立，补充了仪轨之诸不清楚的分支而做了阐释，以及如何守护成就之本——誓言和律仪之理，亦在《根本随罪释》等论典中无不齐全地讲了于何续部要否守持密乘律仪的界限、根本随罪与各种粗罪的认识、此等之分支齐全与否的细节、如何守护法和清除各种堕罪的方便等。关于大威德、密集和胜乐为主尊的二次第道如何修持法，也是生起次第必须完具转三身[①]以为道用之要领的理由；于浊世的一个短寿中成佛的所依身唯南瞻部洲人决定必须具足六界，所以确立生、死、中有三者也必须加进胎生的理由；将诸不同的转为道用亦算作彼此道的替代，能得全部成就之理；自与对面等同与否和自入成一不一的差别；以用怎样的修法，身能成为曼陀罗之理等各项的细节；与曼陀罗融和一体的建立如何承许之理；智地分位时修习空性的方法区别于显乘之情况和在圆满次第时也是金刚身的实相；首先对何目的物集中坚

① 三身：密宗所证光明为法身、幻化为报身、种种现分为化身。

守的对境等修道的次第；各个本续特法的不同差别；一切方便的修持的成就幻身和一切智慧的修持的成就光明二者如何分别证成之理；此二者双运转，即果位色身的近因有学双运现前之理；由彼如何断除所知障的方法和此后证得无学双运金刚持果位的方法等，皆仰仗怙主文殊菩萨亲任善知识，所赐的语密甚深要门，如实按照本续和大成就者的本意，无误地做了明辨，并且连根拔除了颠倒修行金刚乘道之一切要义的全部污垢，弘扬了密乘教法大宝。由此宏恩大德，才使此道之不共讲风较他宗派殊胜，才有了纯正的轨范仪则清净的优良传统——山居噶丹派至今兴盛不衰。

复次，总的来讲，大乘有因位波罗蜜多乘和果位金刚乘二类。果既然不随顺四遍净①行相而以发心和六度来细分，故是波罗蜜多乘或因乘。果谓佛的处所、身、受用和事业等四种。既然随顺此四遍净行相而修，故名果乘或以隐密修而得成就又不向非法器讲说和能护心，故称作密咒乘。如《密宗道次第广论》中所讲："诸波罗蜜多乘人所修诸法真实离诸戏论，即修随顺法身行相之道，然无修习随顺色身相好庄严行相之道，咒则有之。"又讲道："特别是分大乘为二，亦非以通达甚深空的智慧而分，须以方便分别。方便之主，是就办色身而言，修成色身的方便，即修随顺色身行相之天瑜伽法。此即胜出余乘之方便故。"如此所讲，波罗蜜多乘与金刚乘二者的差别，也不根据智慧分——见而分，也不以化机根利纯而分，也不唯以方便分发心和六度来分，此等是显密二乘皆有的共道。因此，总之就像大小乘的差别，不以智慧来分而以方便分别一样，显密二乘的差别，也应当以有无修习方便之主——随顺色身行相之道来分别。又对于密宗四续部分别安立的方法，藏地诸先贤虽有种种主张，但是，对

① 四遍净：四一切行净，如来四种一切行净：身净、缘净、心净和智净。

此，《结合》中讲道：“笑、视及握手、两相抱为四，如虫住四续。”《第二十五穗》中讲道：“事、行、瑜伽、无上瑜伽等四续部者，以笑、视、抱持、两相和合和执手而表示之。”如是亦在《密宗道次第广论》中讲道；“尔时，续部之名亦曰笑续、视续、执手或抱持续和二相和合续，共为四部。”如此所讲，就是以同所修的天女彼此互视所生的喜乐为道，主要对胜解此的神姓所讲的续，就称做事续；以同所修的天女彼此唯顾视和互笑所生的喜乐为道，主要对胜解如此的种姓所讲的续，称作行续；以同所修的天女顾视、互笑、抱持或执手所生的喜乐持以为道，主要对胜解如此的种姓所讲的续，称作瑜伽续；以双交的情欲为道，主要对胜解如是的化机所讲的续，称作无上续。另外，根据化机的差别而分，以妙欲为道的方便，现前天瑜伽时，既然以外事为主，故是事续；既然将外对事与内定行于平等，故是行续；既然内瑜伽成为最主要，故是瑜伽续；既然较此瑜伽更无上者，故亦名无上瑜伽续，如《密宗道次第广论》中所讲：“能以如是欲尘为道之方便者，是空性见与天瑜伽。欲证此二，若须观待众多外事，乃是事部（续）之机。若待外事、内定等分，非待极多外事，是行部之机。若于外事、内定二者中，以定为主，待少外事，是瑜伽部之机。若不观待外事，能生较此瑜伽更无上的瑜伽，是无上瑜伽部之机。”此也是按照各自的主要化机入道而当作主次，并非完全确定。对于如是无上瑜伽部，藏地诸先师又承许为方便续、智慧续和无二续[①]等三续。对安立父母续的差别之理，也有种种主张，然而，宗喀巴大师之自宗，即如《律生》中所讲：

诸瑜伽续量，

① 无二续：以宣讲生圆双运光明次第为主的密宗续经。

定为六千万，
瑜伽母续数，
许十六千万。

即是主张将无上部分为瑜伽父续和瑜伽母续二类。总之，若是无上部，就定是方便——大乐与智慧——空乐二者结合的方便智慧无二无别的续。所谓方便智慧无二无别的方便，是指俱生的大乐智；智慧，是指悟空之智。《五次第明灯论》中讲道：“此中无上瑜伽母与无上瑜伽父二者之瑜伽义，非是方便与智慧一分，此即经中所讲的方便智慧和合之方便，是俱生的大乐；而智慧，即如经中所多讲并广为共许的是了悟无我空的真实性的觉慧。若按照如是空乐的方便智慧二者之和合无别的体性，便是等同将一切无上部皆作为如此一种所诠之最胜义，所以，一切无上部，其体性实况，是唯住于无二续。”如此所讲，即是将这样的方便智慧结合的无上部，计定为父续和母续二类，并承认无不纳入彼中。若谓根据圆满次，而将父续称作方便续，将母续称作智慧续的方便和智慧这二者，是指什么呢？是指主要能成色身者为现分——方便分，指主要能成法身者为空分——智慧分，即将主要宣说由四空所乘之五色光息，能成世俗幻身之理的本续，以及属于此部之续称作父续，将主要宣说俱生的乐空二者无别的胜义大乐智或光明的本续，以及属于此部之续称作母续。即如《五次第明灯论》中明确所讲：“将主要宣说如蚁孵的‘菩提’从头顶至私处摩尼所生的上降四喜和由此返回头顶的下固四喜生起之理和将主要宣说由大手印——俱生的乐空二者和合无别之门，极能趋入胜义真实空性的证悟辗转而进的次第，而不主要宣说由大乐智所乘的五色光息能成世俗幻身之理者称作瑜伽母续。因为已经诠说过由于俱生的慧度这个能成法身的方便也是乐空和合无别的瑜伽，而且主要能成法身者是空品慧分，故亦称作母。”又讲道：“将主要宣说由渐次收摄风息于光明现起处心间的次第而顺起的四空和由依此后从外起的次第而逆起的四空，空智产生之理者，以及将主要宣说世俗幻身由光明风息五色光能成之理者称作瑜伽父续，因为已经诠说过由于此亦是由空智与风息所成的二身体性和合无别的瑜伽，由于主要能成色身者是现品方便分，所以亦称作父。”对于道的建立，亦如阿阇黎·江白扎巴（妙音称）所著的《心庄严论》中所讲：“有的人说，生起次第是佛为只修共同悉地的劣慧化机而说，欲得胜悉地者是应从开始就直修圆满次第。有的人承认圆满次第即是唯修第四灌顶之义。有的人说，讲说空性，是唯为破除暂时的邪分别，所以欲得成佛，以生起次第之广大资粮来修自为天就可以。”云云等将二种次第说成了分离。又有的人虽然讲了将天瑜伽与了义修成结合，但将修习了义却当修只是心住于全无思维，故而全如和尚之见而修。有的人承认唯由串修此心住于乐明无分别，心就能现起俱生智而即生成佛等，即有密乘道之所依空无，本续和大成就者的意趣全成了颠倒的种种说法。但是，此宗规则承认二种次第互不分离，犹如花与其香味住于所依能依，此亦应次第而修。《密集后续》中讲道：

诸佛说正法，
皆依二次第，
谓生起次第，
与圆满次第。

即是如此所讲，当以共乘的道次善修己心后，转入不共金刚乘道时，应以清净的入门四灌顶来成熟其心，并应以如理守护灌顶时所承诺的三昧耶和律仪的方式首先修学粗细生起次第瑜伽，以此来成熟能便利生起全部圆满次第道的自心。此后应当以修学圆满次第及其分支，使解脱道得以齐全。《密宗道次第广论》中讲道：“乃成立生起、圆满二者如花与香为能依所依。此复，心证事物真实，是修圆满次第而成；身成色身，是修生起次第而成。身是心之所依，故经中说彼二为能依所依。即在道位亦有随顺彼之能依所依。”又讲道：“在由生起次第所成熟的心中乃生圆满次第。若未以此成熟，圆满次第虽有少分可生，然必不生能入胜道之圆满次第，故经中多说先修生起次第，次修圆满次第。”即是明确地讲了必须逐次地修学二道。此外，《五次第论》中也讲道：

善住生次第，
欲得圆次第，
佛说此方便，
次第如梯凳。

《摄行论》中讲道：

诸初业有情，
转趋于胜义，
正等觉说此，
方便如阶梯。

此中自果，亦是能成熟圆满次第的心，并非从由所修力使风息入住融于中脉而生，由心重新假设成随顺种种生死中有行相后而修的那种瑜伽，是生起次第的体性，对此亦称做施设的瑜伽和假瑜伽，即如《密宗道次第广论》中所讲：“生起次第者，以元辅音字母和以由此所生的日月或以种子字与标帜等方便，将自身生为完具天身，彼唯是由心生起而假设。”又讲道：“以是生起次第之完具天身的方便亦是心假造，而由此方便所生的天身亦是假造。”如此所讲，既然只在字面的解释中是根据由分别假造或由心假造而生起所修的次第，所以称作生起次第。生起次第的主要所断是凡常的相和耽著二者，所以，对治现为凡常者，应当修学明显，对治耽著，应当修学我慢。此二者中，又耽著是主要的所断，相是次要的。《密宗道次第广论》中讲道：“故对治凡常慢，以修能依所依曼陀罗之我慢为主。遣凡常相，修能依所依之殊胜相，是彼分支。”称作这样的凡常相和耽著，也是指显现为一种平凡寻常的能依所依曼陀罗。耽著（执）为如是的心，是指那个于俱生中已有者。若谓此二者如何破除？就是在明想能依所依曼陀罗时，由再再串修那个如所明想之明显的心，于意识中遣除凡常相，于是由智慧自相所成的清净的能依所依之相便于心中现为不灭，故能遣除凡常相。如是若生自为能依天，便串习了坚固的天慢，所以，是能断除那个俱生而有的执已为凡常的心。此亦不是断除那种于根识现显的相，而是应当唯断除那种于意识前现为和耽著为凡常的情器世间，即如《密宗道次第广论》中所讲：“所断之凡常相，非根识前所现情器，是于意识前现为凡常情器者。”此二者如何以生起次第断除之理，亦在《密宗道次第广论》中讲道：“于此分位，非如由出世间道，永断种子，亦非如由世间道，损害种子，伏其现行。若尔，如何破除？谓若无别的客尘违缘，当住于彼彼能依所依曼陀罗及其我慢时，能转成如前面所说的我慢。当明想彼曼陀罗时，若能生起如所明想最极明显，即是于意识前以彼遣除凡常相的方法，伏除凡常的相和执（耽著）二者。”《生次广论》中亦讲道：“是故，此凡常相，应于心中遣除。遣除彼，亦不是由将此凡常相修为全无而遣除；而是收摄此趋入世俗凡常相之心于内后，以持心于胜义空性的方式遣除凡常相于心境中显现，故于此后亦是修习空性，即应了知遣除凡常相于心中显现和破除事境有二者之差别。”但是，对于识别凡常相和耽著的实质之理，则有的智者将凡常相安立为烦恼障，将凡常耽著安立为所知障。有的将二者皆承许为烦恼障以及不承许为烦恼障的道理等虽有种种主张，但是，总之，这个凡常的相执，就是障碍修学清净情器世间的违缘，所以，唯是由于对坚实的清净相执，串习达到了最大，不净的相执才于心中没灭，而不是如因由此二者自身之正对治截断质流[1]，故能断除的除障之理，所以，晚近的一些大德说不承认为是障。

然而，将情器现似并执为凡常的根本，是在于这个将情器世间现似谛实和执为谛实，即如耳传教授库主·喜饶嘉措大师所著的《胜乐生起次第论》中所讲：“主要的凡常相执，是现似谛实和执着谛实。由于执我为实，故将一切处、身、受用、亲眷和助伴称为我所，就是产生实执的根本。”这即是说，由于由实执将此凡常身执为天身，所以不利于断除生死的根本。而若对空性引生出定解后，将现分显现为天的行相，便在定解中修习了空性，所以是智慧资粮；由于现分显现为天身，所以是福德资粮。由于从一个心上，有了二资粮结合，所以资粮圆满的程度就很大，特别是若被正见摄持了的话，对于断除生死的根本，作用就极大。《生次广论》中讲道：“故初次第时，虽大多以修习现品天轮为主，然一切如是天轮亦当于一切法皆无自性之空性引生出有力的定解后，学习令彼一切皆现如幻。缘所缘天后，修行相无自性义，发胜解慧，转入空性，其慧所取之相现为能依所依曼陀罗。

---

① 质流：实质相续。物质本身刹那前后继承的系统。如青稞种出青绿苗的过程中，青稞本质继承不绝者，名为质流。

如是甚深明了无二的瑜珈，每次修时皆当修习。若如是修，于生起次第分位中，凡修任何天轮，悉皆成为与生死根本我执和感受直接相违之道后，乃能成为解脱一切三有苦之因，故应对此义大难量之处获得定解。”如又讲道：“抉择此不净心为无实后，即此修习如幻之慧乃是单慧，而缘坛轮后，彼修习行相为无自性之慧，便是由缘坛轮分而生为福德资粮和由生起无自性的感受分而生为智慧资粮这二者的体性。此中之福德资粮，由于是密乘的殊胜方便所摄的福德资粮，所以较波罗蜜多乘之福德资粮最为殊胜，而且是福德资粮有多少差别，智慧资粮就成多少差别，是故缘所缘天轮后，那种定解为无自性的觉慧较如缘苗芽后，定解为无自性的觉慧成为对治实执的功能，胜过百倍，所以即此一种觉慧，在断除生死的根本时，就生为具足能力的殊胜二资粮的体性。应当勤修这样的道，于有暇的所依身受取意义。”需要破除凡常相，主要也是为了一切修现分曼陀罗皆能显现为空性的变化。所以，就像在定中长时一心专注法性，在出了定后的诸时间中，能以定力使此种种世间之法皆显现和又显为无自性如幻一样，此中也是由于先修空后而出此定，所以在彼觉慧之精华不消失而不间断地修天轮时，彼等便显现而又显现为无自性如幻。是故，这种如是于初次第中将现分一切天轮修为现空如幻，就是成熟自心，引生圆满次第之全部证悟的方便。若不修空，圆满次第不成为能熟，如《密宗道次第广论》中所讲：“初次第时修习空性十分必要，以生起次第是成熟相续，引生圆满次第之圆满证德的方便故。若不修空，则不能如是成熟故。”又讲道：“又智者起疑之处，谓若无与彼系缚之根本我执行相相违的了悟无我之见，则失能得解脱生死之道的心要。此等问答之理，是二种次第之所共需，智者应知。”又在《生次广论》中讲道：“生起次第之要道的诸分，下顺所净事[1]行相、上顺果位行相和中顺圆满次第行相等三事，即是成为同位[2]的每一种修法所作。”如此所讲，就是转生起次第时的死有为法身的以为道用，亦是修学所净事这个基位的死有，由于蕴等隐没，故而一切粗分戏论悉皆止息，于随顺彼的能净[3]外境空性与有境大乐智二者无别的法身本体安立我慢，转这样的法身以为道用；由于现前了圆满次第时的比喻光明，故而凡常死有被灭了的道位法身就成为能熟和转中有为法身的此为道用，亦是修学所净事基位的中有，由原始心从俱有缘和由其所乘的风息从近取因，使成中有身，此亦是如虹的极细微身；由于修学了随顺彼的能净报身行相等，故而成为圆满次第时之凡常中有破灭了的第三次第之幻身、道位之报身成为能熟和转生有为化身的以为道用，亦是修学所净事那个基位的中有于父母之精血中受身后，变成了凡常肉眼之境，变成能成办与彼等共通之事，转由随顺彼的能净报身为了化机之利而受取粗界的化身以为道用，于是由彼圆满次第时的身清净化身和心清净胜义光明二者和合的有学双运，为了化机，故意受取了粗界之身后，成办有情的利益。道位化身成为能熟，即此转初次第之三身以为道用的瑜伽，能熟第二次第的三身和能成熟为证得果位三身为体性无别的善根，亦在《密宗道次第广论》中讲道：“生起次第中需明所净能净之理。明辨法，即如生死中有三事而修。”“故当顺所净事了知二次第之诸宗要，对于初次第为第二次第之因的道理，生起坚实定解。”若谓所净事凡常的生、死、中有三者，以能净道如何来净治的呢？是如《生次广论》中所讲：“此中不是以使生

---

① 所净事：所净基。生存、死有和中有。

② 同位：异体的两种事物同时存在于一处。如说金瓶，此既是金，又是瓶，故说名同位。

③ 能净：密宗生圆二次第中所摄之道。喻义光明，净不净幻身，有学双运身等瑜伽行。此种瑜伽，譬如能洗净污垢的水和洗涤剂等，故名能净道。

为生死中有之无垢的同类后者的方式来净治，因为生死中有不可能又是合格的也是无垢的。也不是现前彼三者时消除障垢，因为于一切有情从无始以来忆经现前。也不是如净治我执，因为尔时无需使生随顺我执行相之道，而且作为能断绝我执的替代品，也不是使生一个与彼形相相同的余者。所以，应当了知此中之义，就是以随顺三所净事行相之道，不令彼三者真出现后，以其代替品——能使与彼同法（相似）的道位与果位之三身出现者能净——二次第来净治三所净事。”如又讲道：“若谓生起次第成为能熟圆满次第之理是怎样的？就是以本尊加持其心和消除大业障并积集广大福德资粮的方式，成为甚深的圆满次第于心中出现的顺缘，消除道缘，然而，主要是以基位之生、死、中有之行相于心中如实真正出现的圆满次第无余净治彼凡常的生、死、中有之相执的种子后，使三身真正转变。在此之前，虽未真正成了随顺基位之生、死、中有行相，但于心中则是等同；虽未真成合格的三身，但于心中是以与其等同的行相者——随顺圆满次第行相的生起次第折伏凡常的生、死、中有之相执现前的方式而成为圆满次第的能熟。”这样的一种性相完具的转圆满次第成为能熟的三身以为道用，虽然能得生起次第之名，但是，仅修如刹那顿生、独雄本尊和单身空行母等，不会有生起次第之名，因为起码依止五位天以上的曼陀罗，施设处五蕴能净才齐备，所以，界和处亦纳入此中。但是，独勇大威德则完具转标帜等之三身以为道用的法要，这是宗喀巴大师的无上主张。以修生起次第加持蕴、界、处，也是为了使圆满次第的幻身发挥效能，加持身中的脉和界，也是为使光明发挥效能，以修一切内外脉界为体性无别，令风息入、住、融于中脉有殊胜的意义。这如《生次广论》中所讲：“复次，于现在自身总体和身内诸各处，将天庄严胜解为彼彼蕴、界、处和其体性，并再再修学将彼等进入光明之胜解，故于圆满次第时能从彼彼处容易收摄身中一切气息，聚集后，光明显现等最极容易，而且成为迅速的能熟。”此外，生起次第有随念粗略同一的瑜伽和证悟细微的瑜伽二种，所以此二者皆成为能熟圆满次第。此亦在《五次第明灯论》中讲道：“总之，修满粗细生次，是能成熟产生一切圆次的善根，故成为出现圆满次第之身远离的能熟。特别于私处摩尼内修学标帜或微细明点，是收摄左右脉之风息于中脉的方便，故若能依此来引生前面所说的大乐，就是修习圆满次第的身远离，故与细微生次有如此相关系。”《生次广论》中也讲道：“于此以生起次第修习四喜之时，会来诸多不劳而引生的圆次四喜。生起次第成为圆满次第的能熟，主要亦是依于其中门理。以生起次第转妙欲以为道用和转烦恼以为道用，主要亦纯属此理。所以，于此若不获得善解，便是犹如遗失生起次第道之所依。”此外，如该《论》中讲道：“不以生起次第修成乐空和合，圆满次第不生性相完全的乐空和合；生起次第之天瑜伽若不坚固，圆满次第的身远离之时凡见为百种至一种的天身能显现，在心远离以下之四空最后，随顺幻身而于心中刹那立起和在此以后依止智印的行等便皆无所依；若无彼，高过于彼的圆满次第更不会来。所以，若欲按本续所讲来引生圆满次第，应当先将生起次第修学做底。”总之，修蕴等为天的身远离有生起次第和圆满第二部分，而前者又有悟空的诸所取行相现不现为天二种；现起者又有是否以不共的喜乐而悟空二种；以彼喜乐悟空又有是否将左右脉之二风息投入中脉后，由融合所生的喜乐二种。所以是由所修力令二风息融入脉，故而出现了有境俱生的殊胜乐，以此证得对境空后，成为圆满次第的。《五次第明灯论》中明确讲道：“若谓将身远离分成二次第是怎样的？这个修蕴等为天的身远离有悟空所取行相现不现为天的二种修法；现起者又有是否以不共乐而悟空二种；以喜乐悟空又有是否将左右脉之二风息投入中脉后，由配合所生的喜乐二种。”“唯将根据最后二种的前者，修蕴等为天的身远离安立为圆满次第。”又讲道：“安立为俱生圆次的大乐，须是一种由于风息融入而安住者。”如此明确所讲，生起次第的细瑜伽与圆满次第的界限，亦是以俱生乐而分，显密道的快慢也主要从此上而生。而以彼由波罗蜜多乘和下续部道，现证了空性的智慧来作无边福德资粮的助伴，凭依此，虽然能断除诸粗分所知障，但不能断除细分；所以就成佛来讲，会延时长久。而以无上瑜伽道能于浊世的一个短寿中无余断尽所知障的快速差别，就是若能以彼有境俱生的殊胜乐，获得现证对境空的胜义光明，细风息便全部融入，故能断除细而又细的所知障，证得无学双运，也是在于这个关键。此外在细分生起次第之时，止观二者如何能成之理，总的来讲，于密乘之时止观二者有同时证得和逐次证得二种悦，所以前者同时证得，在显教中寂止未先行，胜观不可能成。但是以生起次第，凭依对细微所缘和收放具备观察与安住的二种修持等密乘的别法，从如第八、第九住心的分际起，也有止观二者同时而成。《密宗道次第广论》中讲道：“故于尔时，以妙观察慧，数数收放，如余经中缘尽所有性而修胜观。由如是修，能得止观双运的殊胜三摩地。”《生次广论》中讲道：“彼时，缘天身与收放等中，于所有的胜观与空性，生发有力的定解后，在将主尊纳入胜义等之时，能生起缘如所有性的性相完全之胜观。故从此时便是获得性相完全的殊胜止观双运。”关于逐次证得之理，亦在《密宗道次第广论》中讲道：“细相坚固，应修两月，收放应修一月。此约缘微细相，修止而说。”《生次广论》中也许道：“大阿阇黎释迦协宁（释迦友）说：‘若于微细标帜获得心坚固之相，便证得身心轻安。’《瑜伽师地论》与诸大经论中将此说成了性相完全的寂止已善成之量，故是于此时已成性相圆满之止。是故，此等续部中未说离开修天瑜伽，能另外修成止。”即是将止观二者逐次证得之理也讲成了如此。但是，晚近的诸智者却有种种主张。这里不拟讲述，详情当从别的经论中了知。

这个如是密咒乘金刚宗道的根本，又在于见清净，这在《文殊根本续》中讲道：“能正思一法，菩提萨锤之咒则能成就。何为一法？即随见一切法皆无戏论之相。”《恶趣净治续》和《明炬论》等中也讲道：“一切咒悉地能成，亦皆取决于正见。”《密宗道次第广论》中也讲道：“许我执见为生死根本，是大小显密诸乘之规。故许证悟无我之慧能断生死束缚之根本，亦极明显。”《生次广论》中讲道：“经中说：波罗蜜多乘之利根化机由首先善解诸法之真实性，了悟彼后而发菩提心。所以，能从未发心前就善解空性，并较波罗蜜多大乘之利根化机，专修密咒的化机，其根最利。”如此所讲，专修咒的化机，需是一个较波罗蜜多乘之利根化机，根更利者。所以，由那个如这样大宝的化机和合乐空的空，就应当唯是全如中观师所抉择的细微空性。《善说藏》中讲道：“抉择真实性之二大车规，虽在波罗蜜多乘之品中有所广说，但是，诸解释密咒经典的班智达和得成就者亦皆随顺二大车规任一而抉择真实义，此外别无第三聚。所以，应当将此理了知为抉择一切显密佛经实真性之枢要。”另外在下续部道的建立、灌顶与三昧耶、承事法等，以及曼陀罗绘制等任何品中，亦均有宗喀巴师徒的不共主张——无匹山居噶丹派之宗规殊胜的无边道理可讲，然恐文繁，故不拟述，当从长期研习宗喀巴师徒的妙典中了知。

（二）父续道之精要世俗幻身的建立

此复，成为如三十三千父续之根本者，即此一切续之王经《吉祥密集续》。此中复有广续二万五千颂和略续一千八百颂，即《十八品》之本体二类。所以，对此后者又称做《密集根本续》，此之第十品者，就是《密集续》和《注释续》二者。《四天女问经》《预示密意》《金刚鬘》和《智金刚集》等四典，是《注释续》，是摄《金刚庄严续》和《幻网经》二典的同品续经，这是《五次第明灯论》中所讲。注释此等续经宗旨的论典，亦有盖班多吉（美金刚）的弟子益希夏（智足）大师[①]所著的宣说生起次第的《成就法普贤集》、宣说圆满次第的《至尊言教》和《解脱精要》等，以及龙树论师所传密集，有龙树菩萨所著的宣说生起次第的《总要》与《总会》二典和宣说圆满次第的《五次第论》；圣天论师所著的《摄行灯论》；龙觉大师所著的《建立次第》与《曼陀罗二十仪轨》；月称论师所著的《密集明灯论》《六支加行》和《金刚萨埵修法》等多种。然而，总的由于密集道，特别是由于五次第之教授的诸究竟要义，皆为极隐匿之理，所以，不结合本注，不能理解；而本注的道理，又若无上师的教授，则理解不了，即如《五次第论》中所讲：

吉祥密集中，
诸真实隐秘，
应随注释续，
从师授求解。

为了不使一切绝密的精要显露，故以六边四规而封禁，这些需要根据上师的要门，方能明了。一般来讲，要门一语的代名词，名为教诲，是谓能普遍理解或容易理解，所以，过去的诸本续的注释中皆有明显的解说。但是，由于时运之故，化机智慧日

① 益希夏：义为智足。是印度的一位大师。

渐衰退，因此，后代化机大都不能轻易理解本注的道理等本续及其注释之义，是宗喀巴大师凭依往昔发愿与祈祷的法力，尤其仰仗文殊菩萨亲任善知识，无误圆满地通晓了本续及其注释的一切经论之义，著作了阐明密集道的难解要点——诸极隐密且细而又细之密义的经典《五次第明灯论》《五次第明论释》《辨析苗论》《五次第满座》的引导文和《建立次第疏》等，详细解释了全部本续正文的密义，无颠倒地抉择了圣者师徒所解释的宗旨，故而于此雪域之境，光显了密宗教法大宝如丽日中天。

是故，总的来讲，从以所修力使风息入住融于中脉所生的那种有学密乘瑜伽，虽然是圆满次的共性，但是，于时轮规则不可以安立此。因为此规有安立收摄和禅定二者为纳风息于中脉的先行；安立运气为使风息进入；安立持风为风息安住等与别的续部说法不同的诸多不共差别。但是，此规的建立，不拟于此讲述，当从别的经典中了知。不过，在现起微细的基位死有的近得①时和在生起次第时，又有唯以手印力使风息入住融于中脉，但是这些非因修行为而发生。圆满次第的别法，由于是以集中坚守金刚身的方便，解开脉结，使风息入住融于中脉的，所以，有与生起次第之彼法不同的重大差别。总之，将圆满次第，所以称作非假设瑜伽和真瑜伽，是因为不观待于由心假设，是集中坚守唯天生而有的身中之脉、风和明点后所修的次第，所以诠说成那样。《密宗道次第广论》中讲道："圆满次第，则由于以元音辅音字母和日月所表的法义——赤白菩提②以及风息调柔之力，现证明（相）、增（长）、（近）得等三相之智，故是唯从风心起为幻身。如此完具天身，非由心施设假造。"对于一切父续道之命

① 近得：近得相，隐没次第中，唯有深夜一片漆黑别无所见的微细意识景象。

② 赤白菩提：男精女血的异名。

根——五次第的品类，亦有将道作为五次第和六次第二种，前者是圣者龙树随从注释续《金刚鬘》之最后一品而讲的，该品中讲道：

由学金刚诵，
了知风性后，
能断诸疑风，
能得缘自心，
由自加持次，
亦得八悉地①，
能知辨诸相，
得现证菩提，
住双运次第，
总摄诸悉地，
此生即能成，
瑜伽师勿疑。

即是说，圆满次第的身远离与语远离是金刚念诵次第、心远离是缘自心或无上密意次第、幻身是自加持次第、光明是现证菩提次第和双运次第等共五次第。作为六次第，这在巴察所译《密集根本续》的《第六品》中讲道：

于咒定思身，
以语策励意，

① 八悉地：八种共通悉地或八种共通成就。有宝剑、丸药、眼药、神行、金丹、飞游、隐身和土行。

所成胜悉地，
与意生欢喜。

就是随从如此所讲，将身远离、语远离和心远离等三远离，以及幻身、光明和双运等三项，共作为六次第的，所以，经中讲了只是分合而已，并不违背宗旨。又五次第和六支加行互相归摄之理，即如《五次第明灯论》中所讲：“能摄，是包括身远离等的六次第；所摄，即六支加行。所以此又按照三类《菩萨注释》之规、随从《妙音言教》之规、《掌华论》之规、《教授穗论》之规和胜乐卢伊巴派等，如来金刚所解说的六支加行等，名虽相同，但有诸多义不相同之处。”对此，天竺的班智达和得成就者，藏地的桂派诸师虽有种种不同的说法，然而，宗喀巴大师的主张，山居噶丹派的宗规，在《五次第明灯论》中讲道：“收摄禅定二支是身远离；运气是语远离；持风是光明；随念是从光明逆次（还灭）而起的三相出现法；三摩地是双运。如是后二加行，为双运所摄。”如此所讲，心远离就与静虑的专注一境和进入光明前的三空性相等同，而第三次第之幻身，则与双运的幻身性相等同。所以，此二项虽未明文直说，但并非不包括在六支之中。五次第的程序也与修道的次第相同，即如《五次第明灯论》中所讲：“故是全如基位五次第而修，即于心间修习不坏明点和缘心间后，于风息生、入、住三者修了金刚念诵，故于彼最后，气息出入悉皆返还，渐次融入心间，由此现起四空，现起后，唯由住于粗身内的风心而成极微细幻身。此复，于胜义光明之后能成双运身，于譬喻光明之后能成幻身。由于彼报身不为凡常眼所见，所以，彼报身若取粗蕴之身，亦成肉眼之境，此即化身。”总之，诸大乘种姓所追求的主要者，乃是他利，而彼又于化机真现后，能成办彼等之利者，就不是法身，唯是色身，所以，不但应当成办随顺色身行相之因，而且还应当主要修行色身。是故，何不依止此规，不改换此凡常身而从此蕴上于一生中证得双运金刚持的果位。因为如果此亦不能将此有漏取蕴改变为相好庄严之佛身，而于死后成佛的话，以密乘道之功能，一生即身成佛之建立就成衰败。若谓这是怎样的呢？是说，此凡常苦谛蕴，以道净治后，就由彼唯风心所成的极细微的原始身[①]而近取，那能成果位色身之不共亲因——有学双运就应当先行。在证成彼时，需要分别修习诸凡双运转的分支——方便与智慧，所以，一切方便的修持的成就幻身若于此生现前，此身便决定成佛。此复，若离开点的父续和时轮，虽修其他胜乐、喜金刚等母续法类的任何道，世俗幻化之圆次建立也符合《密集》，而单依母续本典，则不能了知如何证成幻身的全部教授，所以，需要以《密集》品中所明确宣说的幻身修法的要门，加以补充，即如《明炬论》中所讲："乐空无别之道与幻身二者，其中此后者极难了悟。此亦需要会从这个最胜规中寻求后，转为他用。"若谓这个第三次第的幻身该当如何修呢？如前面所讲，由于《密集根本续》中最极隐匿而混乱，所以，除了结合本释外，总的二次第之建立，尤其第三次第幻身的建立不能明确了知，而且彼又为六边四规所封禁，因此，除了依止上师的要门外，不能够了知。这在《五次第论》中讲道：

知自加持次，
宣说世俗谛，
此由上师恩，

---

① 原始身：基位身。微细持命风或心风无别之清净身。此身自轮回无始以来，直至尚未成佛之前，继续不断。

能得而非余。

以及《摄行论》中讲道：“天之真实性不可思议与一切佛讲说，皆来自上师传承次第。诸十地菩萨亦不达之境，吾已通晓。”《明炬论》中讲道：“本续之义，因六边之故而未善说。师说非是诸随行如名言文字者之境的幻身，当从上师要门中了知，彼如是者，是由龙树菩萨解说。”又如该论中所讲：“说成密乘难解之处，多需观待于上师要门。其中幻身之教授要观待于上师要门，显然是一种绝不同于余者的极重大之观待。”所谓上师要门，也非如写成文字的零散要门和从伏藏中所取出者，而是指将《五次第论》和《摄行论》等互相比较补充后，无误地了解圣者师徒之本意。《明炬论》中讲道：“幻化，唯当从上师要门了知的要门之究竟，即是《五次第论》与《摄行论》，从诸佛子之余要门中亦能得少许。复又，《五次第论》中不明显者，《摄行论》中有明显宣说，故当从《摄行论》中了解。”又讲道：“若能善解凡正文所宣说之义，便不错要门之诸重大要义。那种于此等不做长久修学，却勤习于别的细小要门，这连是经中说成要从上师要门了知的教授要点的一知半解也不认为。”如此所讲，对此极难了悟的幻身建立，凭依全未如实了达本续、大德和圣者师徒之意趣的印藏的片面论典，藏地先师大都对此法类的理解成了如芭蕉之实：有的人，幻身之义虽然自性非有，但唯于名言中有，便将谛实空承认为如幻。有的人，由于若仅如此，则不成为密乘之规，故将现显为面、手、装饰和装束等之行相，但不成为胜义的天身显现而无自性，承许为一种如镜中影像。又有的人说，是从具五色光的ཨ་（啊）字和不坏明点的圆成中天身起为现空聚合。云云等，出现了许多说法。然而，这些皆未达到圣者师徒的本意，也不成为幻身之义。《摄行论》中讲道：“诸凡进入契经等之理和依止生起次第的修习者虽然也将一切法比讲为如幻、如梦和如影像，并特别胜解，但是，以彼诸比喻不会了知唯由自身加持之秘诀智慧，能圆成意自性之天身。”即是说，仅以穷究谛实空如幻之义的这点理解，不能了悟此时的幻义；生起次第时幻身之义也不完全，且由于彼时是在不离定解三轮①为无实的殊胜信念的状况中修习了天瑜伽，所以，虽然无阻地现为如虹，但也无幻身之义；虽然说成于下部密乘也修如虹的幻身，但是宗依②——分辨粗细蕴法的建立一点也没有；而且，虽然说成了在无上瑜伽部的生起次第时，能分辨粗细蕴和从彼中能起为天身，但也是表面信解；所说的在转报身为道用时，从不坏明点和具五色光的ཨ་（啊）字与ཧཱུྃ（吽）字等中能起为天身行相之理，但是，此等一切皆不成为此时的幻身义。所以，乃至宗喀巴大师未出世前，是唯将与显宗共同的谛实空幻或唯将与生起次第共同的天身显现无自性当作幻身之义。即除了只是总义的幻义说法外，不含安立隐义③的幻化第三次第的幻身、究竟的幻化双运之一诸世俗幻身其各自的体性、由气息亲因成立之理、净不净的差别、不净的幻身以光明净治之理、立起的界限和十二种幻喻④所表示的不同要点都有什么等等。是宗喀巴大师根据《五次第论》《摄行论》和《明炬论》的第十二品与第十五品等中所宣说的要门等，准确解释了《密集本注》的宗旨。以此解释，不仅是吉祥密集，而且还掌握了一切父续道的核心，将根据什么安立为父续的不共

---

① 三轮：指能作的人、所作的事和事件的对境。

② 宗依：所立事。提出因法论式时，成立即论证所立事物之处或对境。如说：“有法之声，即所净事有法。”。

③ 隐义：殊胜的见解和现证次第。

④ 十二种幻喻：佛书所说十二种不真实的虚渺之物，即 1. 幻术；2. 水中月形；3. 双影（眼花时所见一物之二重象）；4. 阳焰（夏季日照沙滩，地面映成状如流水或火焰的幻景）；5. 梦幻；6. 回声；7. 海市蜃楼；8. 魔术；9. 彩虹；10. 电光；11. 水泡；12. 镜中之花。

能立，是此幻身成立之理的原由，特别是第三次第的幻身，是由色身的不共亲因而成立之理、以所净事的不共的要义而成立之理、凭依生天之法的不共要领而成立之理和凭依方便智慧体性无别的要义而成立之理等于此雪域之境，往昔任何智者都未说到的要门之一切细而又细的密要，皆如实地按照圣者师徒之本意，做了精要全面注释的如是解说，这就是金刚持佛亲临也没有宣说得超过此教授精华，是成为心中密意的唯一精华。所以他派的大德达仓译师喜饶仁钦也虽然过去对大师做过一些不恰当的批判，但是，后来由于见到了这样的善说，心中顿生了真实不变的信奉，在对宗喀巴大师的赞词中这样讲道：

显密尤其金刚乘，
续部尤其无上义，
二次尤其于幻身，
顶礼前无善说藏。

此外，在《时轮总义》中也再三赞美了大师著作中有关幻身的论述，称此是公正大智者的无上别法。同样，普照五世达赖也讲道：

幻身信度①波罗②莲花门，
非由矜夸日月光使开，
善说美女口中微粒酒，

① 信度：信度河。孔雀河下游的古名。西藏古地方志说，玛那萨罗沃地南岸，有金色岩，形如鹏啄，流出五百小溪，携带金沙，有绕池周七匝，流入南海。

② 波罗：即波罗奈斯或婆罗泥斯。印度恒河流域罗河和奈斯河间一城市名。译义江绕城。释迦牟尼成道之后，于此城东北十余里之鹿野苑，为五比丘初转四谛法轮之处。

当喷洒时彼莲怎自在。

也是住于纯公正的直述。若谓那么，幻身的不共宗依，是安立什么呢？诸有情本来具有的极微细风、心二者，是幻身的宗依，即如《明炬论》中讲道："此者主要为了认识如幻的天身由何所成的宗依——原始身。"该论中又讲道："成为取有情之名的事依的原始身，由于穷尽为唯风心之身，故展示离此则无体性不同之身。"有情之身，有粗显现世之身和微细原始之身二类，所以，前者就是这个粗显异熟生身[①]，后者就是极微细风心，以及显现为身之行相的中有身和如梦中之身。所谓唯风心的心，它不是根识，只是意识。而风，也非如根本四风[②]和五支分风[③]，经中讲成是分持命[④]为粗细二种中的那个细者。所以，幻身的宗依——原始身，就是那个心间不散的极微细的持命风，而原始心，就是凭依持命风而有的一种极微细意识。若谓如何将如是的宗依成立为世俗幻身的呢？就像凡常中有能成，也必须观待于以业和烦恼来分辨粗细二身一样，幻身能成，需要一种能以所修力来分辨粗细二身者。此亦是凭依圆满次第五次第的初次第金刚念诵次第，风心成为天身的，所以，经中讲了这是分辨粗细身的最胜方便，即是由凭依内外的运气，风如死次第融入心间的心远离究竟之喻光明所乘的五光风息来作亲因和由彼心作俱生缘，凭依如是因缘，从旧的蕴身起为另外品级的幻身。修成彼幻身，心远

① 异熟生身：即异熟身。应净治处中有三身之一。生后未死之前，即生死中有，由于造积种种善恶之业，感受种种苦乐之报，故称异熟身。

② 根本四风：上遣风、上行风、平等风和周遍风。

③ 五支分风：1. 行风；2. 全行风；3. 正行风；4. 极行风；5. 定行风。此五风名称，依次亦有称为龙、龟、蜥蜴、天授和胜弓。"风"，亦译为气、气息和风息等。

④ 持命：持命风。人体五根本风之一。居于顶门脑腔之中，功能在于灵活智慧，明利器官，持续思维。

离究竟的譬喻光明需要先行。此中由三顶端的运气，解开心间的大多数脉结，使诸粗风息融入中脉的语远离或称金刚念诵次第需要先行。此中将心固定于私处摩尼的第八脉瓣之中脉中央的所缘境标帜或微细点任何一种的身远离——细瑜伽需要先行，所以，这也是粗细生起次第已得究竟的瑜伽行者依于具有身、对境和风息等的要处之门理，一心专注对境的要处——中脉的下端或私处摩尼中心的微细所缘境而修，于是从以风心同行之要领令风息入、住、融于中脉所生的诸表相便出现，彼时，以专注空性而入定之力，于后得中也能凡显现皆现为空和空现为安乐的变化，以及又从彼以修所生力令风息入、住和融入中脉中猛厉火炽燃后，菩提心[①]便降于私处摩尼之顶端，所以，应当引生出上降四喜和由于以逆序使菩提心固定于头顶，所以，就应引生出下固四喜，下固的四喜，是俱生的喜。彼引生上降下固四喜之时，产生菩提心降于中脉的殊胜触[②]，并凭依此，生起安乐身受和由彼作无间缘后生起殊胜心乐。彼乐与细微空性二者于对境和有境中和合为体性无别，所以是能生乐空无别的殊胜智。在《明炬论》中讲道："由于缘注了私处摩尼脉轮中心或中脉下端身之要害处而修，所以，若已以风心同行的要领执捉了彼的话，于左右脉中风息游行便停滞而游向中脉。此后若发起令风息融于中脉，五相便出现于前面。"和又讲的"于第二次第时，凡所现皆应显现为大乐的变化。由于此亦是从获得圆满次第之俱生大乐以后，所以，此中是依于身远离之门理将凡显现皆见为大乐的变化。"是说："诸凡显现，皆为现为安乐。"此外该论中讲道："这种于下门修微细点，由于下行风易于向上返回，所以猛厉火炽燃力大，能充

① 菩提心：即精液的异名。

② 触：五遍行之一。根境识三者和合，从而触境察辨自境之心所。

分表现上降的俱生，菩提心住于私处摩尼需要长久。”《生次广论》中讲道：“此规中修下门的微细点，有一能成圆满次第法，彼若置于不修，微细点的功能便不圆满，修身远离的要点便遗失而去。”

在如是身远离之时，由于于中脉之下端等别的脉轮集中严守了要处，于是摄风息于中脉内而融入的俱生的殊胜乐便产生，此的主要意义，经中说成是为了后来会容易解开心间的脉结。此后，于语远离的心间前端修咒点的运气，于脸的鼻端修光明点的运气，于私处的顶端修实体点的运气。由于修行了这三种运气的瑜伽，故由前二种将不能收摄的风息收摄于心间和使心间的即此难解的脉结松开。第三种是使此时收摄风息于心间的效力发挥成最佳，而且由彼无余解开脉结后，能使光明显现。此变需要于随顺基位之死次第的心远离究竟的光明显现时修行打开心间的无明卵壳的方便——令风息出现和进入的金刚念诵，若不修行此，被左右二脉之结所紧缚的心间脉结就无法解开，而且为了灭除妄念——能动的风息，是需要以修风咒无别的金刚念诵来收摄一切风息于心间不散明点后，修成双运身的。总之，不散的明点，有心之所依——心间的赤白界[①]、基位光和极微细的持风等多种。而将心间的不散明点那个微细的持风了知为一切风息的根本后，将诸风息收摄于彼，这是现起光明的主要方便。在语远离之后，应当修学心远离，即于即生成佛时，需要以极微细的心中现证真实性，而彼法尔，是以乐空无别的智慧来现证，以此能力是能迅速断除所知障。断除所知障的能力大小，由于取决于助伴——方便分，所以，从彼智慧上能成为色身之同类的不共因。是故，凭依金刚念诵，完全解开心间的脉结后，若能收摄根本四风于不散

① 赤白界：男子的精液和女子的月经。

明点的话，就是引生心远离的了悟。《明炬论》中讲道："以金刚念诵，总的引生诸空之理，已讲毕。特别引生心远离之诸空的界限，是心间脉结充分解开后，从能收摄诸风息于心间不散明点之际，而不是在此之前。"

此外，还需要整持和随融的比较次第，尤其是需要修行缘能遍[①]的金刚念诵，所以，无余收摄能遍的风息而引生究竟心远离时，就需要依止外缘业印[②]，即在《智金刚集论》中讲道："成就幻身，依赖外手印，于此生幻身能成。"《明炬论》中讲道："使幻身之宗依的心远离三智完全发生，需要外印。"但是，经中讲了若未达到证悟之量，那种临死时自然隐没的能遍风能代替行作，并由譬喻光明代替中有而起为不净幻身，由彼幻身凭依任何一种所依能证得余道。虽然是凭依这样的内外缘，引生三空，将彼三智生发为四喜体性和破除了三现分[③]时那个于定解前所现者之后而修空，但是，特别在第四空——光明和第四喜——俱生喜之时，主要的是修行乐空。总之，未证得心远离前的三空智与心远离的空智，大小差别极大，由于此时将一切菩提心和风息从身的上下部全都收摄于心间的不散明点，所以顺序的喜，力量就大，且由于相和有相八者[④]并非尽然相似，是如死次第显现，所以原始心就生为俱生的安乐体性。彼专注空性而入定的光明，就是心远离究竟的譬喻光明。由于尔时是极微细的心了司空性为义共相之理的觉慧、表示胜义光明的譬喻光明和凡常死破灭后法身

---

① 能遍：外延，概括众多部分概念的总体。如瓶，是概括金瓶、陶瓶等一切瓶类的能遍，亦是金瓶、陶瓶的总概念。

② 业印：密宗瑜伽部"四部"之一。又称双修时之女方为业印。

③ 三现分：修行萨迦派道果预备位。显乘的共通三现分道：不净现分、瑜伽景象现分和清净现分。

④ 相：此处指境界。即是将自身所有脉风摄入丹田，经过摄入、止住、融合三个阶段，就能够得到殊胜境界和感受。有外八相、内八相感受。

的和合正式成就，所以，道位的法身便成就。若谓那么，那个第三次第的幻身是如何成就的？就是由凭依如是三远离的内外运气而形成世俗的诸风息如死次第而融入心间之心远离究竟的譬喻光明所乘的五色光息来作亲因和由光明心作俱生缘，凭依如此因缘，由旧的蕴起为另外分位的幻身。彼幻身，由于未断除烦恼障，所以是不净幻身。尔时，由于凡常中有破灭之后，是报身的和合真正成就，所以是证得了道位的报身、性相（合格）的智身和随顺（相似的）金刚身。如是在《明炬论》讲道："从具足五色光息的智慧明相[①]和方便增相[②]二者，生起具足手足等之名德的幻身。若归摄此等之义，是说若无风息而只是单心，由彼单心具有面手等的天身不能成就。但是，由于五光的息和心二者存在于同一本体，所以，能成天身并无过失。又能成幻身之意的近取因是前心，俱生缘是风息，而其肉身的近取因是风息，前心则是俱生缘。"若谓这样的幻身从顺序逆序的何空之际而成？对此，《密宗道次第广论》《根义真实极明论》和《建立次第》等中讲了"从三空后现为逆序之具风息的心而成"。克珠·唐吉钦巴说，此说只是记载了诸先贤的说法而已，而自宗的究竟主张，则在《五次第明灯论》中讲道"除是讲了'从心远离的三相[③]之风心能成幻身'外，五次第论典中未记有于顺序和逆序之诸空的任何分际所成的幻身。手目等从光明状况中如鱼跃出水面地能顿时起为金刚持身者，谓顿时次第和从由光明成了得相、由得相成了增相、由增相成了明相的分际起为金刚持身者，称作得相等的次第之方便。自宗则改说为于双运之时。"和《五次第明灯

① 明相：隐没次第中，首先现似秋夜晴空，月光满天，唯白茫茫一片空明而别无所有的微细意识景象。

② 增相：密乘修习隐没次第中，唯见天空日光映射，一片空明红霞，别无所有的微细意识景象。

③ 三相：明相、增相、得相。

论》所讲的“二谛无别，直指圆满次第”。而若详细探讨这个难解之处，即在《五次第论》中讲道：

具性彼彼光，
具风六识身，
由自加持次，
数为有情现，
如从净河流，
诸鱼疾跃起，
从一切空明，
生起幻身网。

即是讲了此身亦唯从风心以自加持次第而生和从等同清净河流的光明中生起如鱼儿突然跃起的清净幻身。所讲的这个喻义是说：“从光明中不为他所障碍而生起是合理的。”此后该论中讲了“因为四空成为一体，亦是顺序之时前者融入后者后，最后于光明中成为一体之义是合理的，逆序是不合理的。与紧接着死光明无间所成的得相一起中有能成，因为所净事的次第与此最极相符。”如此所讲，就像基位时，光明停止与中有已成是同时的一样，在道位时，也是光明停止与幻身已成应当同时，所以是承认此时也是与逆序的得相已成的同时成了不净幻身。此外，关于这样的幻身有十五种差别；以十二如幻喻如何表示之理；三身的和合；九类和合的修持；定幻与梦幻等如何修法；取梦、修梦和在梦中任持世出世的解脱法；如何受取和修学中有如幻的法；真幻与似幻等的差别等等，不拟于此详述，当从《五次第明灯论》中了知。是故，在波罗蜜多乘中，为色身的因，就需要积集诸多福德资粮，特别是不同相好的因，又需要积集至诸多大劫，而在此无上密宗之时，则不观待于别的积净，由唯将乐空智修为一休，二资粮便极大圆满，这是因为由彼乐空智所乘的风已经成办了色身的因，此可以替代积集无边福德资粮，而且齐备此中一切要点之刀，所以，无误正确地洞悉此幻身的建立，实为至关重要。但是，由于《密集根本注》的释续广论中不太清楚，以及后来的一些释续又很不堪信，所以宗喀巴大师就编辑了原文与注释，集中《五次第论》和《摄行论》等堪成标准的诸释续之精要，消除了对幻身建立的不解和邪分别的一切污垢，创立了前所未有的善说之规，由依此规，无匹山居噶丹派产生了总的圆满次第，特别是幻身之细而又细的建立这个符合本续之究竟意趣、往昔在此雪域之境中不为任何人所了知的讲风——殊胜的无垢宗规。

（三）母续道之精要胜义光明的建立

此复，如何安立分为父母二续中的瑜伽母续之理，是如前面已讲，成为一切母续的根本者，就是《吉祥胜乐轮续》，所以，此中有《广续三十万颂》《中续十万颂》或称《胜乐等同虚空续》（此二续未移译于藏地）和《略续》，即《本续第五十一品》等。《解释续》有《金刚空行》《律生》《空行母普行》和《意言宝》等，即四不共续。再加上胜乐喜金刚共续《桑补扎》或《结合》，共有五《解释续》。《呬噜迦现生》《四瑜伽母和合续》和《空行海》等三续经，是同品续。一切这样的瑜伽母续之主要所诠，是在宣说如何修学法身能立，即成为空品智慧分的乐空无别的智慧胜义光明道法，所以，此复根据不同续经的不共别法和各位大成就者所依据的不同本续的差别，虽然讲了许多解开脉结的不同方便，但是，这与幻身以上二成就的建立无大不同。若谓那么一切智慧修习的成就——胜义光明的差别法是怎样呢？就是当将前面所说的那个幻身纳入光明时，那个极微细的风息就变成了无漏的风，由此来作色身成就的亲因和由那个与此体性同一的极微细心变成无漏的心后来作法身的亲，而且由于集中修了入定于二身的同类因，所在断除细分所知障时，是变成了具有极迅速的功能。这即如《明炬论》中讲道："是故，此道也不是为了使以俱生的乐而只现证真实性的智慧发生故使幻身坐起，其义是说，以胜义光明之智净治所知障时，能变成殊胜功能，因为是色身的主要不共因。在以俱生乐将空性作为境（所知）时，依于有境（能知）的门理，消除所知障时，虽然也有一种能生殊胜功能法，但是，由于替代余乘的无边福德资粮者，在此圆满次第时是幻身，所以会更迭彼二身，是究竟要领。"

经中讲成的一般来讲，彼等粗分烦恼与所知障，虽以波罗蜜多乘和下三部密乘道能断除，但是，细分所知障，除了由密乘道外，波罗蜜多乘不能断除，这也唯是无上瑜伽道的差别法。其次，虽以此胜义大乐智能断除所知障和由无漏的五色光息能成就清净幻身，然而是依赖于这个胜义光明。若彼大乐也不与证悟实相的正见结合，乐空无别的智慧则不生发，如果不了知能使彼大乐成为烦恼的究竟能对治的要领，不用说金刚持位，甚至连断除生死的根本也不成为，而且还会成为束缚生死的贪与爱逐渐增长的因，《笃哈藏》中讲道，"虽于家家说彼语，此大乐处全不知。"《明炬论》中讲道："未与了知一切生死涅槃之自性空的空结合，而修行菩提心全不以二根相交中流走的乐，根本不能损害三有的根本实执之无明。是故，随受乐多少，由彼实执所引的爱便渐增长，故同贪饮者将阳焰想为水后趋赴一样。因此，如此者当诃。"所以，如前面所讲，空性的正见，不仅是密乘和波罗蜜多乘二者之所共同，而且，特别是密乘道的一切见要都应该随顺中观应成派的见解，此亦如《善缘开目总义》中所讲："金刚乘的诸有情亦依善巧方便之诸无边差别所摄之门理所修的真实性，彼唯是《中观理聚论》所抉择之空性，除此以外，无任何成为差别者。是故，三乘之一切优劣士夫所修的真实性，是终结为唯此而已。”若有被这样的正见盖上殊胜之证，对妙欲受用越大，就如火上加柴，断除爱等染污的能力就越会愈益增大，故能成为如将毒变成药的染污之正对治，以及所谓转贪以为道用，也应当从此之上受取理解。未与这样的甚深正见结合，不论对哪一种称作天瑜伽和脉风等的甚深实修持发起精进，任何究竟的正果也不获得，即在《秘密成就论》中讲道：

于无真如中，
希有作为见，
乃至虚空住，
死后赴地狱。

若谓那么，现起那种胜义光明之理是怎样的呢？就是以前面所讲的那个第三次第幻身的现前，任持这个修学自己的三门与三界一切有情之三门无别的九重勇识的瑜伽和凭依整持彼瑜伽与随融的禅定二者之收摄次第，最后在顺序的得相停滞的那个时候，不净幻身就如天空虹散而没灭；现起以俱生乐现证了空性的第四次第之胜义光明；证得大乘见道①；烦恼障的正对治无间道②便于心中生起等皆同时获得。若谓是如何安立此中之内外二现证？就是将在沾染（影响）外虚空的瑕疵——月、日、暗三者全净

① 见道：五道之一。往趋解脱历程之中，新见前所未见本性，登圣者地，现观诸法无我如所有性，随应了知一切有法尽所有性，修七觉支以根本断除一切见所断惑，离五怖畏，证得十二一百功德之道。

② 无间道：与解脱道合称二道。指开始断除所应断除的烦恼，不为此烦恼所障碍的修行，由此可以无间地进入解脱。

的那个黎明特殊之时，现起光明，故称做外现证和将在内影响瑜伽师之识的瑕疵——明、增、得等三相的白、赤、黑道过去之时或在顺序的三现分过去后，逆序的得相未显现以前所现起的光明称作内现证。若谓那么，这虽然是以彼俱生的大乐现证空性的胜义光明和是清净幻身以上的规程，但是，用不净幻身做什么呢？以证悟空的智慧，断除所断的功能，应当以方便分和智慧分的功能大小来分辨其差别，显密二乘是相同的，而在以胜义光明顿摧烦恼障和以彼断除所知障时功能变得有法力，能替代此前波罗蜜多乘的于三大阿僧衹劫积集资粮，是需要不净幻身先行的。不仅如此，较彼譬喻光明心更细者，在基位时没有，而在道位时义共相和世俗的二现[①]息灭，胜义光明现起的话，就变成较原先更极细微。对于如是变化时，如果首先修习悟空为义共相之理的譬喻光明和由其所乘之风而成的不净幻身，风心二者渐次变成愈益微细了的话，就是变成了胜义光明和清净幻身的体性，此乃诸智者所讲。这个和合如此的乐空为无别的道，是一切瑜伽母续的精要。但是，主要是由《胜乐轮》法类而抉择成十分明确而详广的，所以，此本续就如十六千万母续之宝顶，被赞为首要。不过，如《仁达瓦大师问答》中所讲："乐空的建立，《喜金刚》等中已正宣说。但是，应当了知乐从何而生的因。此中，一般在以乐空和合后的修持中，殊胜合格的乐应当炽燃而滴漏，而乐的本体则有大小和降于何处的量或从何分际安立为四喜，而且四喜每一喜亦各有四种，以及上降喜与下固喜，喜乐大小和顺序与逆序的发生之理等各项的建立皆应当详广了知。关于空，除了显乘所说的外，别无他者，但彼空理，则较显乘更为殊胜。能降乐的

① 二现：指承认内心和外境分别存在的感觉。

本体如是菩提心须以点燃了义的空行母邬摩天女尘火[1]来降。此中，能炽燃而滴漏，需要和手印交合，所以，手印亦有四种[2]。而此四者各个本体依止之理；交合的方法；由交合引生大乐之理；以每一大乐如何断除所知障，以及获得凡断除了的相；四种喜的差别；猛厉火也不因从任何脉中炽燃，心间等的脉结就能解开，所以需要使左右二脉的风息进入中脉之内；是因修行了入、住、融三法，顶、心、脐等的脉结才得解开；此等风脉能成为堪能，是由于在顶门等之诸脉道修习了二十四域[3]的勇识和空行母，所以脉风成为堪能，是故，四手印的法类、二种身脉粗细的情况、使此等的风息进入中脉和由同明妃入定[4]而引生大乐法等皆是《吉祥胜乐轮续》中所讲，所以，应当将《吉祥胜乐轮续》的法类学到精通，并于心中生发。在天竺圣域和诸藏地中，依止此道之大成就者多如地尘，皆是修瑜伽者。”由此看来，由主要宣说胜义光明之圆满次第的一切母续之精华《吉祥胜乐轮续》的解释续解说本续的主要义，就是圆满次第。而其道理，也除了在《黑行春点》中宣说得充分外，在卢伊巴和直布巴等的经典中未见有以此本续正文来宣说二次第，所以，宗喀巴大师便著作了解释续《隐义明镜》《修法·大乐明论》《生起次第随欲论》和广略《圆满次第论》等，总的就共与不共的《注释续》及其同品续的辨认、结合本注之理、彼中如何宣说二次第的建立，特别从《本续第五十一品》上归纳诸道要之理，由于各位大成就者所依据的本续不同，因此所依能依逐次和同时生起的不同方法的差别等，特别就乐空和合的境、乐空无别的乐分如何引生法、

① 尘：即指月经。
② 四种寻印：即四印，密宗瑜伽部所说的业印、三昧耶印、法印和大印。
③ 二十四域：人体二十四域脉。
④ 入定：交媾的异名。

乐的体性、以每一大乐如何断除所断与已断何者的相之差别、上降下固四喜从何分际安立与四喜引生法、依止脐火瑜伽，如何解开心间等之脉结之理和身中脉风成为堪能之理等，全都如实按照本续和大成就者的本意，做了详而又细的讲说，清楚地解释了密宗道的精华空行口中气息突嘘的全部秘诀要点，故使母续道的任何枢要都成为全无会误为颠倒之处。是因此宏恩大德，《吉祥胜乐轮续》的清净讲修传统才在无匹山居噶丹派中至今保持不衰。见此实情，宗喀巴大师讲道：

千万瑜伽自在曾已行，
即此胜乐讲修极衰败，
唯愿弘扬久住永不朽，
成为欲愿解脱者路径。

（四）二谛体性合一双运的建立

《五次第论》中讲道：

此如彼次第，
自加持、光明，
唯此二和合，
是双运次第。

又讲道：

世俗与胜义，
了知各别分，
何处正和合，

说彼为双运。

如此所讲，是将身清净——世俗幻身和心清净——胜义光明智二者同时聚合称作双运转。若谓那么，这样的双运如何修习呢？就是由上面刚讲过的胜义光明所乘的风作亲因和由光明心作俱有缘，凭依如此因缘，使胜义光明停滞，逆序的得相便成就，与此同时清净幻身成就、证得阿罗汉位、证得大乘修道[①]和同时证得乃至生死，同类相续不断的诸性相（合格）的金刚身。不过，由于以彼尽断了烦恼障，虽然证得了断德双运[②]，但是，未证得主要的双运即证德双运[③]，所以，将彼不称作有学双运。以那个首先证得了如是断德双运的清净幻身，复又现起光明，在以大乐智一心专注空性而入定的那个时候，就是证得了主要的双运证德双运或有学双运。《明炬论》中讲道："善解《吉祥密集》之主要所诠双运者首先应当彻底了解有学双运成就之理，而且应当于彼设立那样的诸疑后，于余边中断除三有的疑惑而决定，最为善妙。对此，未见圣师徒之随行诸五次第的解释做这样的抉择。"此后接着又讲道："说成从如清净河流的之光明中生起如鱼儿疾跃之清净幻身的喻义，是说不被其他障碍，从光明中出现是合理的。"这是原先特为幻身而如是举例的。不将此中那个起为从光明无间而起的净清幻身的幻身，称作双运之义，是彼中只有双运的一只，即彼是从第四次第的光明中无间所起的幻身，而由于在彼时实无光明智，所以，另一只并未真正出现，因此不得所谓双运之名，此乃诸智者所讲。所谓双运，如前面所讲，应当

① 修道：五道之一，往趋解脱之门径。于见道位所证之理反复串习，由修八圣道支，根本断除诸修所断，增长无滑功德之道。

② 断德双运：有学平常双运。依密乘道断尽烦恼障，证得正分清净幻身的双运。

③ 证得双运：清净幻身和胜义光明二者身意一体融合双运，是密宗殊胜有学双运。

指世俗幻身和胜义光明二者互不分离而双运转。《明炬论》中讲道："彼中，由于未证得胜义光明前，在由五色光息所成的幻身存在之时无心与胜义谛成为一味之光明；由于在未证得双运前，乐心与胜义成为一味的光明存在之时，没有自身成为幻身的世俗，所以，就成了轮替，因此无双运。何时所谓自加持身达到世俗幻身的究竟与所谓心光明达到胜义谛之究竟二者同时聚会于一个心中时，既然无有轮替而汇集一起，故获得双运。"又在该论中讲道："不因两个一只轮替之理就是双，同时聚合，如前面所讲，就是双运。此从逆序的最后明相中起后，又进入光明时能得。"对此，藏地大多数先师讲说第五次第的双运义时，由于未通达智慧分——乐空无别智和方便分——世俗幻身二者需要双运转的根本，唯将第三次第的幻义——谛实空，当作了幻，所以，彼中只有乐空无别的单独之义，因此，不论任何双运转，也都是指谛实空和大乐二者。除了唯将此二者双运转，解说为双运的究竟义外，未曾安立过余者。总之，将大乐和真实性双运转，命名为双运，在母续法类中甚多，但是，仅这样的乐空无别并不完具此时的双运之义，即在《明炬论》中讲道；"对于即此乐空无别，诸多进行《瑜伽母续》的解说者是称作乐空双运和二谛双运，并将龙树论师所传密集的双运义也说成彼。然而，龙树菩萨的传规并不只将前面所说之义的俱生乐空无别作为双运。"如此所讲，是将自利法身能立——无自性空和大乐智二者作为意的差别，将境与有境二者合而为一后，名为胜义谛安立为一只；将利他色身能立——幻身称作世俗谛，安立为另一只，将此二者双运转，认定为此时之主要的双运，此者便是宗喀巴大师之无垢宗规、吉祥无匹山居噶丹派之殊胜主张的无上胜处。关于证得所修果之理，亦是以彼如是的有学双运，凭依有戏论、无戏论和极无戏论之任一三行，从乐空智的极大增长中现起三空，证得有学双运后际的胜义光明修道如金刚的三摩地或相续后际[1]的无间道。在此中第二刹那间，无余尽断细而又细的所知障，证得远离一切污垢的胜义光明法身和相好庄严的报身二者体性无别，即无学双运——具足和合七支的果位后，于即此刹那间为了化机的利益，显现上百千万化身乃至轮回未尽，使功业无功用运转直至世界存在连续不断。如是在《明炬论》中讲道："在修学彼圆满次第道之行的后际（最后），无学双运成就之理，如前面所讲，就是依于内外二觉之门理，于黎明光明现前中证得究竟法身时，有学双运如幻之身就变成无学双运之身，乃至轮回未尽，安保彼二身而不起动。"

三、以将显密持于无违相助之道阐释全部佛法的修持要义之理

如《谛者品》中讲道："曼殊室利，我为诸有情宣说彼彼诸法，如是一切皆为令得一切种智，趣向菩提、临入大乘、成办一切种智、正至于一境。故我非有异宗安立。"佛祖薄伽梵为三种姓化机赐教所有法门，如是一切唯是最终引入一切种智道的方便。即随顺不同化机之种姓和意乐，为追求唯现世生死苦息灭之位的化机宣说小乘法，为追求所得无上菩提的化机宣说大乘法，所以，为了首先使未成热的有情成熟、使诸成热者解脱和次第安置于一切种智之道，是以善巧方便之门而宣说的。由见此情，《真实名经》中讲道：

三乘起出离，

① 相续后际：最后有际，物质和心识蝉联演变的最后边际。从此第二刹那必定证得成佛。

安住一乘果。

《菩提道次第广论》中讲道："通达彼一切为无违，谓将此了解为一个补特伽罗成佛之道。此复随其所应，有的是道之正体，有的是道之分支。"《密宗道次第广论》中讲道："故当了知佛所说法，一切皆是正对化机，引入佛地之所有方便。然因化机胜劣增上，方便亦有圆不圆满与道快慢等差别应理。是故，引入佛地的分支之道与大乘道二者不同。"就是如此明确所讲的修习遍智之道的正体与成为其分支的二种道理。特别是波罗蜜多乘与密咒金刚乘二者互不相违而成为因果之理，此亦在《无垢光广释》中讲道："密乘理与波罗蜜多理，果性与因性融合为一。"《菩提道次第广论》中也讲道："设作是云：在入波罗蜜多大乘中，虽须下乘法藏所说的诸道，然而对于进入金刚乘者，度彼岸之诸道非为共同，以道不相同故。此说亦极非理：波罗蜜多道之体性，乃摄入心于菩提发心和行修学六度，而此随时随地皆当修行。如《吉祥金刚顶》中所讲："纵为活命故，不应舍觉心。"又讲道："六度彼岸行，毕竟不应舍。"此外，诸多密宗经典中亦有讲说。该论中又讲道；"由见此等少有开遮不同之处，即执一切犹如寒暑遍相违者，是显自智极其粗浅耳。如是，除去个别特殊的开许与遮止外，诸佛经极相随顺。是故，若入上上三乘或五道，必须完具下下乘与道之功德种类。"如此所讲，首先是对波罗蜜多乘所讲的无常和苦以上获得定解后厌恶一切有的出离心，其次是方便分，即由缘漂流于生死轮回之一切有情的大悲心来作因的真实菩提心，此后是智慧分，即如理通达缘起甚深道之实性实性，是修持密乘道所不可缺少的，因为若无菩提心，便不成为大乘法，而虽有大乘道六度，但是，以其余五度不能从生死四轮中自力度到彼岸，所以，虽将彼等安为度彼岸，但也取决于通达甚深缘起。《摄颂》中讲道："五度无慧如无眼，无导非能证菩提。"吉祥勇识讲道："施等诸福德，具慧尤有力。"此外，《入行论》中讲道："此等一切支，佛说皆为慧。"如此所讲，通达粗分无常与苦等的慧和慈悲等方便分，亦皆纳入此缘起甚深智慧之支，而密乘的甚深注要，亦取决于充分理解波罗蜜多乘中所讲的境空之义。《五次第论》中讲道：

金刚乘中瑜伽师，
所缘任何真实性，
佛说彼彼唯是幻。

《五次第明灯论》中讲道："是故，色身之因的诸方便，虽然也是不可无有空性的了悟，但是乃至法身，空性的了司，能成为殊胜，则是必须修习全部方便分，这是两种大乘之规。"如此所讲，大乘共道，虽然亦需方便智慧互不分离，但是，获得一切种智的主要障碍所知障的正对治，则是这个智慧。而由通达本性的智慧与密乘所讲的有境俱生的大乐和合了的乐空无别的那种智慧能作法身的亲因和断除细分所知障等无上密乘的不共差别法，也是从此智慧上产生的。《五次第明灯论》中讲道："由于求得通达无我之智后修习了彼，故能连根灭除二障，虽为诸贤哲者所同意。但是，以如是闻思充分抉择了以后，在修学甚深空性时则需要此乘所讲的殊胜有境大乐，这在别的乘和下部密乘中未宣说，故是无上密乘的差别法。"该论中又讲道："即如前面所讲，如若了知二乘共同的生死流转次第，就会是一个了知应当破除其根本我执后，穷究无我的正见者；如若了知了由于不共的风，故而流转于生死的次第，就会是一个明见应当从妄念浮动中返回风息后能正确通达作为制止彼的方便就是严守身中要害的教授者，而且还会将以由彼方便所引生的大乐，定解了无我之义的乐空和合的道作为根本而修持，所以，能不错教授的要领。”如是就像大善知识仲敦法王也对无匹觉沃杰生起不共的敬信感戴而所讲的“能知将一切佛教用四面道串起来的，这只有我的上师了”一样，宗喀巴大师所讲的将显密所摄的一切教法，归纳为全不相违，是一个补特伽罗成佛之道的本体和其辅助的如此之理较觉沃大尊者所讲尤极明显，而且也无胜过此理的阐释佛教精华之理，所以，对此圆满无误的文殊怙主洛桑扎巴之教法大宝，就应当生起猛厉的胜解信，回心转意，尽己所能，付诸践行，诸纵然当前真正不能者，也必须想到总有一天会成一个能如是正行者而发愿和为此而奋力集积资粮、净治罪障等一切方式，于心识中尽量留植一分坚实的正道习气。如是亦在《菩提道次第广论》中讲道：“是故，应当依止正依怙，于一切佛经皆是一个补特伽罗成佛之缘的所有道理，令起定解。诸现能修者，即当修习；诸现未能实行止者，亦不应以自未能正行而为理由，即便弃舍。应当作是想：愿于何时如是等，由行止之门，现修学耶，遂于其因，集积资粮、净治罪障、广发正愿。以是不久，渐渐增长智慧能力，于彼一切悉能修学。”由此观之，于此雪域之境是在祖孙三法王[1]时代正法成立，仰仗师君三尊[2]和诸得成就的泽师与班智达等的盛恩大德，使显密所摄的佛教大宝光显如日。然而，由于到了浊世末劫，多数后人对于显密的讲经修道，闻思修等唯成片面；且智能甚弱，故而，不见全部佛教之要义，因此有的人爱重小乘道，而不喜大乘；有的人自诩为大乘人，将声闻之行，说成无必要；有的人唯求波罗蜜多道，除了闻思其经义外，不喜密乘的修

---

① 祖孙三法王：藏史对松赞干布、赤松德赞和热巴坚三位赞普的合称。

② 师君三尊，藏史对静命、莲花生和赤松德赞三人的总称。

行，有的人进入密乘道，而将波罗蜜多道说成无必要等；将显密二乘执为如寒暑相违，如《遍摄一切研磨经》中讲道："若于佛语分别善恶、应不应理、是为声闻、是为独觉菩萨而说，皆是谤法。"和如《菩提道次第广论》所讲："若未获得如是知解，于一类法获得一分相似的决定，便谤诸余。特于上乘，若生发一种相似的胜解，则如其次第遂谤舍下乘法藏与诸度彼岸，并于密乘也会谤舍下三部等，故成为造集关系极大又甚易生起和异熟极重之谤法的深厚业障。"就是将那种把佛语有的执为成佛的方便，有的执为成佛的障爵，并以优劣的差别和分别宗派的偏私，对内道佛教其他派别进行歧视和咒骂等，也说成是严重的谤法之业。是故，宗喀巴大师早从无量劫前就发愿弘扬此妙道，并遵照佛与佛子特别一致赞美的大志之义，出世于此雪域之境，无余消除了对佛教的不解和邪分别之污垢，如炼剪磋磨的纯金，毫无混杂地阐释了一切显密之道，将大小乘的一切要道皆汇归为一个补特伽罗成佛之道，通达了一切教法皆为无违和将全部佛经现为教授之理的这个为佛所喜欢的圆满妙道之无垢教敕风规，便是吉祥无匹山居噶甘派之无上宗规的差别法。如是，一切智·章嘉若白多吉讲道："是故，大师从律仪细分实行以上，到诸大教派之间，从密法的曼陀罗仪轨及修行细处以上，到本续诸大疏之间，其全部中任何一处，均未沾染轻率及妄造的过犯，务必契合各个派别的诸开宗者班智达和成就者的密意，复又务必契合如来的教言，即每一最微细要处亦必以多种教理，观察抉择，给以决定，并以此理使得一切教法不但无自相违，而且是互相辅助，作为一个补特伽罗成佛之助缘。大师任持宏广经教之讲说与实修，如此殊胜之史迹，不但雪域之前贤谁都未曾得有，如天竺圣地之圣者龙树亦不能过之，这是可以用无垢的正理来证成的。"依据此理，他宗派之公正而具足智慧的大德达仓泽师喜饶仁钦讲道：

北方精通词者少，
更少于义断增益，
修教义者唯仅有，
敬礼此三究竟师。
一类离理立教派，
一类离教仅似理，
无边佛经以教理，
善分辨师我敬礼。
一类重律舍密宗，
诸余信密破戒律，
所有佛教不相违，
敬礼圆满精修理由。
执显为优轻视密，
以密矜骄空谈显，
显密不齐难圆觉，
师见如此我敬礼。
有以细行破正见，
有以高见舍弃行，
见行现为互助义，
师特教导我敬礼。
有的重讲讽毁修，
有的重修谤经教，
礼师阐明以讲修，
执持教证正法理。
显密特就金刚乘，
续部特就无上义，

二次等特就幻身，
空前善说我敬礼。
总之您以讲与修，
最极显扬此佛教，
雪域一切佛学家，
恒常敬礼可赞师。

上述这些赞语，都是充分慎思了宗喀巴大师的经典宗旨，对如实遵照佛的密意，无误地阐释显密的诸最极甚深而微细的特难解要点生起了真实信仰，全非奉承与曲解等，而是以自然照实直说的方式所作的赞美。大师噶玛·米觉多吉①讲道：

此间北方佛教法，
大都成为邪行时，
正做涤净宗喀巴，
赞扬山居噶丹派。

又讲道：

我师特由妙吉祥，
赐龙树教如日光，
持中观规宗喀巴，
赞扬山居噶丹派。

---

① 噶玛·米觉多吉：（1507—1554）。噶玛巴是噶举派中的一个支系，米觉多吉是噶玛黑帽系活佛第八世。

此外，还有博朵班钦·巧勒南杰（广胜）、噶玛·德银协巴（如来）[①]、萨桑·玛底班钦[②]和竹巴·白玛噶布（白莲）[③] 等其他宗派的诸位无匹的贤哲师也对宗喀巴大师贤正善良之美德由从内心生起了不变的信奉，故而撒发出了诸多赞美的妙花，皆如其他典籍中所讲，特别是普照五世达赖喇嘛讲道：

希有事迹具净戒，
大志大雄菩萨行，
乐空二次瑜伽行，
愿遇洛桑大师教。

如此等所讲，这个文殊怙主洛桑的教法、吉祥无匹日沃噶丹派的宗规，全如一切佛经的总集三藏或藏文解释之理，以见、修、行等之方式，毫无混杂而最极清净，特别是外如实保持《律经》所讲的清净威仪之规噶当派师的纯正行迹，内修共同的利他菩提心和不共道二次第的精要——乐空无别的三摩地甚深瑜伽等，将显密的全部教法之修持合为一体，故成为佛教之究竟精华。复次，三时十方之一切佛的所有愿望和所作，唯是利益有情，所以，成为三种姓化机之利的圆满而无误的方便，就唯是宗喀巴大师的这个无垢的教敕风规，别无余者。是故，我等在此修行正法的一切逆缘悉皆远离，一切顺缘全都完备的圆满妙身已得

① 噶玛·德银协巴：本名曲贝藏布（？—1415）。明代噶玛噶举派黑帽系第五世活佛。明史载其于永乐五年奉成祖命，建普度斋于南京灵谷寺，荐福于洪武帝后，受封如来大宝法王，赐玉印。

② 萨桑·玛底班钦：是觉囊派名师，是更钦等补巴的上首弟子。亲建觉囊吉祥标准塔。

③ 竹巴·白玛噶布：噶举竹巴派中一位有学识的人。是噶举竹巴系热隆寺活佛第四辈。

之时，就应当以意乐和加行二者如理依止妙乘的大善知识，从戒律清净的坚实基础上，闻思不流于片面地按照宗喀巴大师的行迹，对佛经及其注释进行闻习判断。复次，仅只听闻和仅只争辩之着眼点不应流于外观，而要唯转为调伏自心和证得解脱的方便，以思维所闻义的方式断除增益，彻底定解。此后，应当控制自心，不使散乱和沉掉，凭依观察修与安住修结合的妙善修行经验，渐次使诸道悟于内心生起等即应以闻思修全不分离而互成辅助的方法，将此佛教精华——佛所喜欢的妙道，修持得到体性无误、次数不缺和程序不乱。普照五世达赖讲道：

“猢皮帽染红花色，
若持我等教最好，
先辈教证罕世宝，
失盗散动多空手；”

如此所讲，作为称为噶丹派的标记，除了只戴着黄帽外，并不了知师父之宗规——山居噶丹派的诸差别法，而将此极难遇到的如是一种显密结合的教法大宝只遇一次之时虚度者甚多。所以，诸欲愿自我利乐者应当在此与如是妙道相遇之时，不将所得的暇满度于无意义，尽力体验这个全部佛教之道的精华和将一分美好的习气所植于自心，是极其重要的。

完备如是无匹释迦王之显密讲修之教法的精华、文殊怙主法王夏·宗喀巴洛桑扎巴的无垢教规、这个名为吉祥无匹山居噶丹的美誉白幡飘摇于三域的不共宗规之建立虽有许多，但是，这里主要是将见、修、行三者所摄的显密正道之不共主张较他宗殊胜之理，略做诠说，详广者，当对诸如日月的宗喀巴师徒之经义长久研习，加以了知。对此持金黄色宝冠之宗规——山居噶丹派的教法大宝一切方面全无过失垢分，最极清净而体性纯正，唯成为全部显密教法之精华，故较他宗殊胜之理应该从心底生起定解，以公正的智慧，永除一切偏袒愚执之垢，并对此佛教的精华——无垢的妙道，以发自内心的笃信和恭敬，彻底进行闻思修，对能便利地成办自他二利的方便，发起精进。

祝 词

善慧智库文殊童子是以远执秀美发髻的幻化
肩披金黄上衣的三有舞蹈为佛教做佛善业者
声誉妙音甘露降于各方耳中故以欢喜的游戏
遍摧骄慢傲山是众智者顶上宝冠我接足顶礼

清凉雪山绵亘大地中各宗派十万莲花竞相开放
炫耀殊胜功德百味芳香普遍散放的吉祥自满
广设讲修精要喜宴是十万稀有供养的成就者
利乐旺盛的鲜花开为雪域福的吉祥征兆现

自大光网的骄傲行相
多种行星游戏轮中央
一轮新月微笑的百光
使傲慢的穗头皆俯地

佛教轮辋最极广圆中
讲修千光中的一明点
妙善（噶丹）太阳照耀的光波

使邪分别夜行[①]不活动

开启圣者密意天空界
千条缘起语龙之吟声
击碎三有命脉的神变
连根彻底拔除邪见树

所修等持新月之微笑
现自晴空的十万影像
映于澄清莲池妙花纹
是迷众智者眼的奇景

美德莲花开于红花园
金黄灿光使园最妩媚
遍布四方大地一切域
执持佛教精华于末劫

以超过虚空的诸智能
依闻思力进入大论与
经典海港尽情来享受
五明财者贤哲多如尘

高举佛教金铸供灶香
各种教派层次自然排
其中噶丹派的宝座位

① 夜行：猫头鹰的异名。

崇高殊胜顶让放光彩

是故功德十万光辉盾
一粒稀有明点中完备
乃是噶丹教派旭日轮
美化佛教大宝之庄严
增长天习①理力的闻思
虽然未触蔚蓝天空界
但从热忱皓月之笑口
放出善说新鲜甘露滴

不搀私泥淖之污秽
公正智慧清净大海中
义重情长鲜花嬉戏笑
堪为佛教莲园美庄严

愿因此善普照师法王
双足不变金刚花纹相
乃至末劫不灭永坚固
一切愿望不劳任运成

唯愿利乐宝柄极牢固
三学彩绸垂帷随风荡
教证三法宝顶所庄严
佛教胜幢永住至有边

① 天习：天然生成和修习而成。

更愿执持佛教精华者
文殊怙主佛的无匹宗
持金黄色帽的智者部
如上弦月增长皆发展

愿由妙善加持日光波
永除大地衰败之黑暗
十万利乐莲花笑颜开
善缘喜宴永住于末劫

愿我亦从今至菩提藏
为妙乘善友慈悲摄受
勤以闻思修和讲辩著
奉持弘扬文殊怙主教

总之，愿汇成善业海的蛇冠变成
众生睡莲亲遍智新月含笑轮
成为三界众生怙主事业白光盾
连根拔除遍愚黑暗吉祥

译注参考书目

《弥勒菩萨五部论颂》，弥勒菩萨造，能仁上师译，台湾方广文化事业有限公司出版。

《龙树六论》，圣龙树菩萨造，汉藏诸大论师译，民族出版社出版。

《瑜伽师地论》，弥勒论师著，李利安主编，西北大学出版社出版。

《涅槃经》，（北梁）昙无谶译，宗教文化出版社出版。

《俱舍论颂略释》，齐藤唯信著，慧圆居士译，台湾谛听文化事业有限公司出版。

《入菩萨行》，寂天造，如石译注，台湾谛听文化事业有限公司出版。

《入中论释》，宗喀巴大师著，法尊大师译，大理文化研究所印。

《土观宗教源流》，土观·罗桑却吉尼玛著，刘立千译，民族出版社出版。

《佛教史大宝藏论》，布顿大师著，郭和卿译，民族出版社出版。

《布顿佛教史》，布顿大师著，蒲文成译，甘肃民族出版社出版。

《藏传佛教各派教义及密宗漫谈》，刘立千著，民族出版社出版。

《菩提道次第广论》，宗喀巴大师造，法尊译，青海民族出版社出版。

《密宗道次第广论》，宗喀巴大师著，法尊译，台湾文殊文化有限公司出版。

《文殊怙法王宗喀巴大师传》（藏文），杰旺却吉著，西藏人民出版社出版。

《宗格巴大师佛学名著译释——爱心中爆发的智慧》，多识仁波切著，甘肃民族出版社出版。

《双运论》与《次第论》，王尧著。

《宗喀巴佛学思想研究》，朱丽霞著，中国社会科学出版社出版。

《菩提道次第·心传录——一位西藏著名修行者的笔记》，兰仁巴大师著，多识仁波切译，甘肃民族出版社出版。

《乐空不二·上师供议讲记》，多识仁波切著，甘肃民族出版社出版。

《时轮金刚·深道六支瑜伽导引》，多罗那地著，刘立千译。

《藏传佛教高僧传略》，拉科·益西多杰著，青海人民出版社出版。

图书在版编目（CIP）数据

藏传佛教格鲁派源流/赛仓·罗桑华丹著；王世镇译注.—北京：
中国藏学出版社，2020.8

ISBN 978-7-5211-0245-1

Ⅰ.①藏… Ⅱ.①赛… ②王… Ⅲ.①格鲁派-佛教史 Ⅳ.①B946.6

中国版本图书馆 CIP 数据核字（2020）第 148601 号

藏传佛教格鲁派源流

赛仓·罗桑华丹 著　王世镇 译注

责任编辑　季垣垣
封面设计　翟跃飞
出版发行　中国藏学出版社
印　　刷　北京隆昌伟业印刷有限公司
印　　次　2021 年 3 月第 1 版第 1 次印刷
开　　本　787×1092 毫米　1/16
印　　张　14.25
印　　数　3000 册
字　　数　204 千
书　　号　ISBN 978-7-5211-0245-1
定　　价　39.00 元

图书若有印装质量问题，请与本社发行部联系
E-mail:dfhw64892902@126.com　电话:010-64892902